Duden

150 Aufsatzübungen

5. bis 10. Klasse

Alle Aufsatzformen

2., neu bearbeitete
und ergänzte Auflage

Mit Illustrationen
von Steffen Butz

Dudenverlag
Mannheim • Zürich

Die Rechtschreibung in diesem Buch folgt im Falle von Schreibvarianten den Empfehlungen von Duden – Die deutsche Rechtschreibung (25. Auflage).

Beratungsangebot für Eltern und Lehrer (kostenpflichtig):
Die Duden-Sprachberatung beantwortet Fragen zu Rechtschreibung, Grammatik, Zeichensetzung u. Ä.
montags bis freitags zwischen 08:00 und 18:00 Uhr.
Aus Deutschland: **09001 870098** (1,86 € pro Minute aus dem Festnetz)
Aus Österreich: **0900 844144** (1,80 € pro Minute aus dem Festnetz)
Aus der Schweiz: **0900 383360** (3,13 CHF pro Minute aus dem Festnetz)
Die Tarife für Anrufe aus den Mobilfunknetzen können davon abweichen.

Unter www.duden-suche.de können mit einem Online-Abo ausgewählte Dudenwerke per Internet genutzt werden.

Bibliografische Information der Deutschen Nationalbibliothek
Die Deutsche Nationalbibliothek verzeichnet diese Publikation in der Deutschen Nationalbibliografie; detaillierte bibliografische Daten sind im Internet über http://dnb.ddb.de abrufbar.

 D C B A
Bibliographisches Institut GmbH
Dudenstraße 6, 68167 Mannheim

Redaktionelle Leitung Anika Donner
Redaktion Elke Spitznagel
Autorin Gertrud Böhrer

Herstellung Annette Scheerer
Layout Horst Bachmann
Illustration Steffen Butz
Umschlaggestaltung Michael Acker
Umschlagillustration Steffen Butz
Satz Elstersatz, Stefan Hergenröder, Wildflecken
Druck und Bindung Firmengruppe APPL
Senefelderstraße 3–11, 86650 Wemding
Printed in Germany

ISBN 978-3-411-73102-2

Inhalt

Empfohlen für: 5 = 5. Klasse 6 = 6. Klasse 7–8 = 7. bis 8. Klasse usw.

Clevere Aufsatztipps

Lösungen

INHALT

Empfohlen für: 5 = 5. Klasse 6 = 6. Klasse 7–8 = 7. bis 8. Klasse usw.

Liebe Schülerin, lieber Schüler!

Aufsätze bereiten dir immer wieder Schwierigkeiten? Mach dir nichts daraus, denn das Aufsatzschreiben kann man üben. Mit diesem Buch bist du auf dem richtigen Weg dazu.
Der Schwerpunkt dieses Bandes ist das Üben – mehr als 150 abwechslungsreiche Aufgaben ermöglichen dir, dich auf die Klassenarbeit vorzubereiten und das Aufsatzschreiben zu trainieren. Dabei kannst du diejenigen Aufsatzformen, die dir besonders schwerfallen, ganz gezielt angehen. Die Kapitel greifen alle Aufsatzarten, die du von der 5. bis zur 10. Klasse beherrschen musst, auf.

Infokästen

In den Kästen, die den einzelnen Kapiteln und Unterkapiteln vorangestellt sind, findest du zusätzlich kurze Regeln und Merksätze. Sie liefern den Stoff, den du aus der Schule kennst, in kleinen Portionen zum Auffrischen und Wiederholen. Oft gibt es hier wertvolle Tipps, Formulierungshilfen und selbstverständlich Beispiele. Danach kannst du den Stoff aus den Infokästen anhand der nachfolgenden Aufgaben üben.
Merke dir: Es ist nicht wichtig, dass du die Regeln auswendig lernst, sondern dass du sie anwendest und durch **Übung** zum Meister wirst!

Es gibt ganz unterschiedliche Arten von Übungen. Manche trainieren deinen Schreibstil und erweitern z. B. deinen Wortschatz, andere vermitteln dir die Besonderheiten der verschiedenen Textformen oder helfen dir, Textstrukturen zu erkennen. Natürlich sollst du auch hin und wieder einen Aufsatz oder Aufsatzteile verfassen. Dadurch probst du den Ernstfall in der Schule. Viele der Aufgaben kannst du direkt im Buch bearbeiten, für die anderen legst du dir aber am besten ein eigenes Übungsheft an.
Damit du dich bei den Übungen gut zurechtfinden kannst, steht in der Randspalte die **Klassenstufe,** für die die Aufgaben geeignet sind. Dies ist aber nur eine grobe Einordnung zur ersten Orientierung, schließlich unterrichtet nicht jeder Lehrer gleich und oft werden in späteren Jahrgängen Dinge noch einmal wiederholt und erneut abgefragt. Deshalb spricht überhaupt nichts

dagegen, dass du ebenfalls Aufgaben der anderen Klassen übst. Je mehr Übungen du bearbeitest, desto schneller wirst du besser. Wenn du vor dem Üben noch einmal Grundsätzliches zu verschiedenen Aufsatzformen nachlesen möchtest, schau dir zunächst das Kapitel „Clevere Aufsatztipps" (↑ S. 137) an.

Die ausführlichen **Lösungen** zu den Übungen, die u. a. auch zahlreiche **Musteraufsätze** enthalten, an denen du dich orientieren kannst, findest du nach dem 8. Kapitel am Ende des Buches. Auf der letzten Seite kannst du mithilfe des **Registers** nach einzelnen Stichwörtern suchen.

Der Ernstfall – der Aufsatz als Klassenarbeit

Beim Aufsatzschreiben gibt es ein paar allgemeine Regeln:

1. Bevor es losgeht, solltest du überprüfen, ob genügend Tinte im Füller ist. Schau außerdem, ob noch ausreichend Platz im Aufsatzheft ist. Lege eventuell ein Zusatzheft oder leere Blätter bereit. Konzentriere dich dann ganz auf den Aufsatz. Sei ruhig und gelassen, schließlich hast du geübt!
2. Lies die Aufgabenstellung in Ruhe durch und mach dir klar, was von dir verlangt wird. Wenn du einen Text bearbeiten musst, dann lies diesen ebenfalls in aller Ruhe. Erste „Geistesblitze" kannst du dir schon jetzt auf einem Blatt notieren. Beim zweiten Lesen solltest du der Aufgabenstellung entsprechend erste Markierungen vornehmen und den Text gliedern (↑ Kap. 7.8).
3. Sammle Ideen und Notizen, Argumente und Beispiele sowie Zitate aus dem Text auf einem Blatt. Wenn du fertig bist, dann bringe sie in eine sinnvolle Reihenfolge.
4. Fertige eine Gliederung an, an der du dich beim Schreiben „entlanghangeln" kannst.
5. Schreibe nun den Aufsatz mithilfe der Gliederung und deiner Notizen. Lies dir das Ergebnis in Ruhe durch, mach noch letzte Verbesserungen und schreibe dann alles sauber und ordentlich in dein Aufsatzheft.
6. Jetzt bist du fast fertig! Wenn du alles abgeschrieben hast, solltest du deinen Aufsatz ein letztes Mal durchlesen und überprüfen, ob sich Recht-schreib- und Flüchtigkeitsfehler eingeschlichen haben. Korrigiere diese und gib dann ab.

Viel Spaß beim Trainieren! Und beim Besserwerden!

1 Erzählen

1.1 Geschichten erzählen

Ideen sammeln und ordnen

Erzählen bedeutet, ein Erlebnis, eine Handlung oder ein Ereignis unterhaltsam – d. h. spannend, interessant oder lustig – wiederzugeben.
Bei allen erzählenden Aufsätzen musst du zuerst **Ideen** sammeln und dann sinnvoll ordnen.

In der **Einleitung** gibst du einen Überblick über die Ausgangssituation: Wer handelt? Wann und wo spielt die Geschichte? Worum geht es?
Im **Hauptteil** entfaltest du das besondere Erlebnis in mehreren Erzählschritten, welche die Spannung immer weiter steigern.
Der **Schluss** bringt die Auflösung der Spannung. Wie die Einleitung sollte auch der Schluss gar nicht lang sein. Im Gegenteil: Bringe die Geschichte möglichst treffend zum Abschluss bzw. runde sie ab.

Nach dieser Vorbereitung kannst du anfangen zu schreiben. Die Erzählzeit ist die Vergangenheit, das **Präteritum.** Greifst du auf etwas zurück, das zeitlich vor dem eigentlichen Geschehen liegt, benutzt du die Vorvergangenheit, das **Plusquamperfekt.**

1 **Ordne die folgenden Ideen den Themen in der Mitte zu. Verbinde mit Linien.**

Einladungskarten schreiben und verteilen	**Meine Geburtstagsparty**	dreißig Käselaibe pro Tag verspeisen
allerdings etwas eitel, bürstet sich jeden Tag zwei Stunden lang das Fell		Grill aus dem Keller holen
Hefeteig für Stockbrot ansetzen	**Begegnung mit einem Drachen**	Schwefelgeruch
Holzkohle kaufen		als Blitzkurier einsetzbar
furchterregende Geräusche	**Die Supermaus**	angekohlte Bäume und Sträucher

5. KLASSE

2 **Sammle zu jedem Thema aus Übung 1 noch drei weitere Ideen.**

Meine Geburtstagsparty	Begegnung mit einem Drachen	Die Supermaus

3 **Die folgende Geschichte ist durcheinandergeraten. Bringe die Sätze in die richtige Reihenfolge.**

1 Meine Lehrerin stand wie versteinert an der Tafel und forderte Felix auf, endlich die Maske abzunehmen und seine Hausaufgaben vorzulesen.

2 In diesem Augenblick verschwand mein berühmter Tischnachbar wieder und meine Freundin weckte mich, weil ich bald aussteigen musste.

3 Als ich mit dem Schulbus nach Hause fuhr, nickte ich ein und träumte von der letzten Englischstunde.

4 Meine Lehrerin lief hochrot an und wollte gerade auf ihn zustürmen, als Harry Potter sich mit einem Zauberspruch rettete und meine Lehrerin festkleben ließ.

5 Harry Potter sprach sie höflich an und erklärte ihr, dass sie ihn wohl verwechsle.

6 Ohne zu überlegen, schlüpfte sie aus ihren Schuhen und kam auf uns zu.

7 Plötzlich saß statt meines Banknachbarn Felix Harry Potter neben mir und blickte mich durch seine Brille schelmisch an.

Die richtige Reihenfolge lautet: ______________________

Anschaulich erzählen

Dein Aufsatz wird interessanter und spannender, wenn du im Hauptteil viele Einzelheiten erzählst über:

- die handelnden **Personen / Figuren** (z. B. Kleidung, Gesichtsausdruck, besondere Eigenschaften),
- den **Ort des Geschehens,** d. h. die Umgebung (z. B. Menschen, Tiere, Pflanzen, Straßen / Wege, Häuser, Autos) oder die Räume (z. B. Größe, Helligkeit, Farbgestaltung, Möbel, Gegenstände),
- den genauen **Ablauf** des Geschehens (Reihenfolge, Gründe, Höhepunkt).

Dein Aufsatz sollte sprachlich abwechslungsreich gestaltet sein:

- Erarbeite **Wortfelder,** um Wortwiederholungen zu vermeiden (z. B. eilen – laufen – rasen – spurten – taumeln).
- Achte auch auf **Abwechslung bei den Satzanfängen** (z. B. am Anfang – plötzlich – im nächsten Augenblick – zuletzt – schließlich).
- Benutze **treffende Adjektive und Verben,** verwende auch **Sprachbilder und Vergleiche,** um Situationen, Stimmungen und Gefühle anschaulich darzustellen (z. B. überglücklich – maßlos aufgeregt – ihr schlotterten die Knie – er bekam vor Anstrengung einen feuerroten Kopf – ihm rutschte das Herz in die Hose).
- Durch **wörtliche Rede** und die Darstellung von Gedanken und Gefühlen der handelnden Figuren wird deine Geschichte lebendiger und unterhaltsamer.

4 **Erarbeite Wortfelder zu den folgenden Begriffen. Dazu kannst du ein Wörterbuch benutzen (z. B. Duden Band 8 – Das Synonymwörterbuch).**

sagen: ____________________

denken: ____________________

lustig: ____________________

sich freuen: ____________________

helfen: ____________________

Hindernis: ____________________

groß: ____________________

5 **Ordne die Adjektive aus dem Wortspeicher den einzelnen Begriffen zu; manche Adjektive kannst du mehrfach verwenden.**

lecker – diesig – neblig – prachtvoll – frostig – würzig – fröhlich – heiter – munter – spindeldürr – schön – teuer – reichhaltig – gläsern – spannend – umkämpft – heiß – anstrengend – versalzen – blond

Wetter: ____________________

Mittagessen: ____________________

Briefträger: ____________________

Traumschloss: ____________________

Radrennen: ____________________

6 **Verbinde die Wörter zu anschaulichen und ausdrucksstarken Wendungen.**

vor lauter	starkes Herzklopfen	erfrieren
mit schlotternden	Blick	ankommen
in klirrender	Lautstärke	brausen
mit rasanter	Enttäuschung	zuwerfen
vor Aufregung	Geschwindigkeit	krumm machen
keinen	Knien	kreischen
mit ohrenbetäubender	Kälte	heulen
einen bitterbösen	Finger	haben

1.2 Bildergeschichte

Eine Bildergeschichte erzählen

Bei der **Bildergeschichte** wird dir ein Bild oder eine Bilderfolge vorgegeben:

- Was ist auf dem Bild / den Bildern dargestellt?
- Gibt es auffällige Personen, Figuren oder Gegenstände?
- Wie ist der Ort oder Raum dargestellt?
- Ist eine Entwicklung zwischen den einzelnen Bildern zu erkennen?

7 Was ist auf den Bildern zu sehen? Schreibe deine Beobachtungen auf die freien Zeilen auf der nächsten Seite.

1. Bild: Was tut Jessica?

___

Wer mag das andere Mädchen sein?

___

2. Bild: Wem zeigt Jessica die vielen Geschenke?

___

Was könnte in den Päckchen sein?

___

3. Bild: Was geschieht auf dem Bild?

___

4. Bild: Was haben Oma und Opa in der Hand?

___

5. Bild: Was tut Jessica?

___

Was tun wohl die Gäste?

___

___

Wie findet Jessica den Teddybären?

___

6. Bild: Was siehst du auf dem Bild?

___

___

8 **Erzähle die Geschichte „Jessicas schönstes Geburtstagsgeschenk". Schreibe sie in dein Übungsheft.**

9 Setze die Bilder in die richtige Reihenfolge und ordne dann die nachfolgenden Gedanken und Ausrufe des Mädchens den Bildern 3, 1 und 6 zu.

„Wo ist Bello?“ – „Endlich angekommen!“ – „Jetzt sind wir schon überall gewesen, wo ist er nur?“ – „Ist er nach der letzten Rast eingestiegen?“ – „Und wo ist mein Bett?“ – „Wollen wir bei der Polizei nachfragen?“ – „Wir müssen ihn suchen!“ – „Hoffentlich finden wir ihn wieder!“

Bild 3	Bild 1	Bild 6

1.3 Nacherzählung

Eine Nacherzählung schreiben

Für Nacherzählungen gibt es **zwei Vorgehensweisen:**

- Der Lehrer / die Lehrerin liest eine Geschichte vor und die Schülerinnen und Schüler hören aufmerksam zu, machen sich Notizen und erzählen die Geschichte anschließend nach.
- Die Schülerinnen und Schüler bekommen den Text der Geschichte ausgehändigt und lesen sie selbst durch. Dabei dürfen sie sich Notizen machen. Danach geben sie den Text wieder ab und erzählen ihn nach.

Achte beim Schreiben auf folgende Punkte:

- Der **Handlungsablauf** darf nicht verändert werden.
- Die Nacherzählung ist zwar meistens **kürzer als die Vorlage,** sie enthält aber die wichtigsten Einzelheiten.
- Gib alle Abschnitte **inhaltlich richtig** wieder.
- Erzähle die Geschichte **„mit eigenen Worten“** nach.
- Die Nacherzählung soll so **anschaulich und spannend** sein wie die Vorlage.
- Verwende die **wörtliche Rede.** Fange dabei eine neue Zeile an.
- Versetze dich in das Denken und Fühlen der Person(en).
- Wenn die Vorlage in der Vergangenheit erzählt wurde, schreibst du auch in der **Vergangenheit.** (Das gilt nicht für die wörtliche Rede.)

10 **Lies die folgende Geschichte.**

So fing es an.

Aus: Enid Blyton: Die Insel der Abenteuer. © Erika Klopp Verlag, Hamburg.

Es war wirklich verrückt. Philip Mannering lag der Länge nach unter einem Baum und versuchte Mathematikaufgaben zu lösen. Niemand war in der Nähe und doch konnte er eine Stimme hören, die ganz deutlich zu ihm sprach.

„Kannst du nicht die Tür zumachen, du Idiot?“, sagte jemand in äußerst ungeduldigem Ton. „Und wie oft habe ich dir gesagt, du sollst dir die Füße abtreten!“

Philip richtete sich auf und suchte den Hügel, auf dem er sich befand, sorgfältig mit den Augen ab. Aber er konnte keine Menschenseele entdecken.

„So was Blödes“, sagte Philip zu sich selbst. „Hier ist doch keine Tür, die man zumachen kann, und keine Matte, an der man sich die Füße abtreten kann. Wer da spricht, muss völlig verrückt sein. Auf alle Fälle mag ich es nicht. Eine Stimme ohne Körper ist irgendwie unheimlich."

In diesem Augenblick schob sich eine kleine braune Nase aus dem Kragen von Philips Pullover. Sie gehörte zu einer kleinen Maus, die eins von Philips Lieblingstieren war. Zärtlich streichelte er den Kopf des winzigen Tiers, dessen Nase sich vor Vergnügen zusammenzog.

„Mach die Tür zu, du Idiot", schrie die Stimme aus dem Nichts. „Und schnüffle nicht. Wo ist dein Taschentuch?"

Das war zu viel für Philip. Er schrie zurück: „Halt den Mund! Ich schnüffle nicht. Wo bist du überhaupt?"

Keine Antwort. Philip wusste nicht, was er davon halten sollte. Woher kam diese seltsame Stimme mit ihren barschen Befehlen auf diesem hellen, sonnigen und völlig verlassenen Hügel? Er rief wieder: „Ich arbeite. Wenn du dich unterhalten willst, komm hervor und zeige dich."

„Schon gut, Onkel", sagte die Stimme jetzt unerwartet in einem ganz anderen Ton, versöhnlich und friedlich.

„Meine Güte", stöhnte Philip, „das geht zu weit. Ich muss das Rätsel lösen. Wenn ich herausbekomme, wo die Stimme herkommt, kann ich vielleicht auch ihren Eigentümer entdecken." Er rief: „Wo bist du? Komm hervor, dass ich dich sehen kann."

„Ich habe dir nicht nur einmal, sondern bereits ein Dutzend Male gesagt, du sollst nicht pfeifen", antwortete die Stimme wütend.

Philip schwieg vor Staunen. Er hatte nicht gepfiffen. Anscheinend war der Eigentümer der Stimme nicht ganz bei Sinnen. Philip hatte plötzlich nicht mehr den Wunsch, mit dieser sonderbaren Person zu sprechen. Er wollte lieber nach Hause gehen.

Vorsichtig sah er sich um. Er konnte sich nicht recht vorstellen, wo die Stimme herkam, dachte aber, dass sie links von ihm sein müsste. Er würde also den Hügel auf der rechten Seite hinunterschleichen und möglichst unter den Bäumen Deckung suchen.

Er nahm seine Bücher, steckte den Bleistift in die Tasche und stand auf. Plötzlich ertönte ein schrilles Gelächter. Philip fuhr zusammen. Alle Vorsicht vergessend rannte er den Hügel hinunter und suchte Schutz unter einer Baumgruppe. Da brach das Gelächter wieder ab.

Philip blieb unter einem großen Baum stehen und horchte. Sein Herz klopfte. Er wünschte, er wäre im Haus bei den andern. Da sprach die Stimme wieder, diesmal direkt über seinem Kopf.

„Wie oft habe ich dir gesagt, du sollst dir die Füße abtreten?" Darauf ertönte ein schauriges Kreischen, sodass Philip vor Schreck seine Bücher fallen ließ. Er guckte in den neben ihm stehenden Baum hinauf – und da sah er einen Papagei, weißgrau mit einem gelben Kamm, der sich auf und nieder bewegte. Den Kopf auf eine Seite gelegt sah er Philip mit blanken schwarzen Augen an und machte mit dem gebogenen Schnabel ein schnarrendes Geräusch. Philip starrte den Papagei an und der Papagei starrte zurück. Der Vogel hob eine Kralle und kratzte sich nachdenklich den Kopf. „Schnüffle nicht“, sagte er im Unterhaltungston. „Kannst du nicht die Tür zumachen, du Idiot? Wo sind deine Manieren?“

„Na, so was“, rief Philip verblüfft. „Du hast also gesprochen und gerufen und gelacht! Du hast mir einen ganz schönen Schrecken eingejagt.“

Der Papagei nieste und fragte sofort: „Wo ist dein Taschentuch?“

Philip lachte. „Du bist wirklich ein komischer Vogel. Jedenfalls der klügste, den ich je gesehen habe. Von wo bist du denn entflogen?“

„Tritt dir die Füße ab“, antwortete der Papagei streng.

Philip lachte wieder. Da hörte er die Stimme eines Jungen laut vom Fuß des Hügels her rufen: „Kiki, Kiki, wo bist du?“

11 **Hast du die Geschichte richtig verstanden? Dann beantworte die Fragen.**

a) Hört Philip wirklich eine „Stimme ohne Körper“ (Zeile 14)? ☐ Ja. / ☐ Nein.

b) Wie drückt sich Philips immer größer werdender Schrecken aus?

____

____

12 **Welche Notizen solltest du dir machen, um die Geschichte gut nachzuerzählen?**

Handlungsort: ______________________________

Personen: ______________________________

1. Abschnitt: ______________________________

2. Abschnitt: ______________________________

3. Abschnitt: ______________________________

4. Abschnitt: ______________________________

5. Abschnitt: ______________________________

13 **Silke hat die Geschichte nacherzählt. Sieh dir Silkes Aufsatz genau an und löse die unten stehenden Aufgaben.**

Philip hatte sich unter einen Baum gelegt und wollte seine Mathematikaufgaben lösen. Da hörte er plötzlich eine Stimme: ___

„Du sollst dir die Füße sauber machen, bevor du hereinkommst!" ___

Philip war ganz allein. Wer sprach da zu ihm? Er blickte sich um, aber niemand war zu sehen.

„Mach die Tür zu, du Idiot, und schnüffle nicht dauernd. Hast du kein Taschentuch?", schrie die Stimme wütend. ___

Philip konnte das nicht begreifen! Woher kam die Stimme? Er sagte laut: „Zeig dich, damit ich weiß, wer mit mir spricht! Ich schnüffle ja gar nicht!"

Einen Augenblick war es ruhig, doch dann hörte Philip zu seiner Überraschung:

„Ich habe dir schon 100-mal gesagt, du sollst nicht pfeifen!" ___

Die Sache wurde ihm unheimlich. Er stand auf, packte seine Sachen zusammen und wollte im Schutz der Bäume ins Haus gehen. Als er aufstand, hörte Philip ein kreischendes Lachen, sodass er vor Schreck bis zum nächsten Baum lief. Die Stimme hatte ihn verfolgt:

„Schnüffle nicht, du Idiot! Wo sind deine Manieren?"

Die Stimme kam genau von oben. Philip blickte hoch und sah einen großen Papagei mit roten und grauen Federn. Dieser Vogel war es, der ihm Angst gemacht hatte. Philip musste lachen. ___

Da hörte er von fern einen fremden Jungen, der den Papagei suchte und rief:

„Kiki, Kiki, wo bist du?"

a) Ordne die fünf Abschnitte (von Übung 12) zu.
Ist die Reihenfolge der Abschnitte verändert worden? ☐ Ja. / ☐ Nein.

b) Silke verwendet die wörtliche Rede. Unterstreiche diese in Blau.

c) Silke versetzt sich in Philip hinein. Unterstreiche die Stellen rot.

d) Silke verwendet auch Fragezeichen und Ausrufezeichen.

Wie viele Fragezeichen? ______ Wie viele Ausrufezeichen? ______

e) Umkreise alle Verbformen der Vergangenheit.

f) In welchen Textteilen steht bei Enid Blyton und bei Silke nicht die Vergangenheit, sondern die Gegenwart und die Befehlsform? Markiere die Sätze mit einem grünen Stift.

1.4 Erlebniserzählung

Eine Erlebniserzählung schreiben

In **Erlebniserzählungen** erzählst du von dem, was du tatsächlich erlebt hast oder zumindest erlebt haben könntest. Beachte folgende Fragen:

- Wer war dabei?
- Wo und wann spielt die Geschichte?
- Was genau hast du erlebt?
- Was war das ganz Besondere an diesem Erlebnis?

14 **Vervollständige den folgenden Anfang der Geschichte.**

a) Lies die Einleitung und sammle Ideen.
b) Ordne deine Ideen in Einleitung, Hauptteil und Schluss.
c) Schreibe nun den Aufsatz in dein Übungsheft.

Eine Nacht im Tropenhaus
Gestern habe ich davon geträumt, über Nacht im Zoo eingeschlossen worden zu sein. Um mich vor dem großen Gewitter zu schützen, ging ich ins Tropenhaus. Als ich kurz nach dem Gewitter das Tropenhaus verlassen wollte, …

15 **Lies die beiden folgenden Erlebniserzählungen gründlich.**

Rebecca: Ein Reitunfall

Im Jahre 1893 lebte ein 12-jähriges Mädchen namens Lisa auf der Pferderanch ihres Vaters. Natürlich besaß sie ein eigenes Pferd, um das sie sich vorbildlich kümmerte. Sie verbrachte fast den ganzen Tag bei Shalimar, ihrem Schimmel.

Eines Tages, als Lisa ausritt, streifte sie mit dem Kopf einen zu niedrig hängenden Ast. Bewusstlos fiel sie vom Pferd und blieb regungslos am Boden liegen. Erschrocken wich Shalimar zurück, kam aber sofort wieder zu seiner kleinen Reiterin und strich ihr sanft mit den Nüstern über das Gesicht. Als Shalimar merkte, dass er Lisa nicht helfen konnte, galoppierte er nach Hause, wo alle schon aufgeregt waren, weil Lisa nicht zurückkam.

Lisas Bruder Leo bemerkte als Erster, dass Shalimar ohne seine Reiterin in den Hof getrabt war. Ohne zu zögern schwang er sich auf den Rücken des Schimmels, ließ ihm lange Zügel, und von ganz allein galoppierte Shalimar zur Unglücksstelle. Sofort nahm Leo die bewusstlose Lisa auf seinen Arm und setzte sie vor sich auf das Pferd. So schnell wie möglich brachte er seine Schwester ins Krankenhaus, wo die Ärzte feststellten, dass Lisa außer der Gehirnerschütterung auch noch ein Bein gebrochen hatte.

Später, als sie im Bett lag und ihr Bruder ihr die ganze Geschichte erzählte, war sie sehr stolz auf ihr kluges Pferd Shalimar. Sie hatte ihr Pferd schon immer sehr geliebt, jetzt war ihre Liebe noch größer.

André: Auf Safari im Urwald

Als ich vor zwei Jahren mit meinen Eltern in Asien war, um dort unsere Ferien zu verbringen, haben wir viele Abenteuer erlebt. Zuerst gingen wir in ein paar Dörfer, um das Leben der Einwohner anzusehen. Am nächsten Tag haben wir uns einen Dschungelführer gesucht, denn wir wollten eine Safari in den riesigen Dschungel machen. Aber wir wollten nicht laufen, sondern uns tragen lassen – nicht von Menschen, sondern von einem Elefanten. Nachdem wir alles geplant hatten, gingen wir mittags los. Zuerst mussten wir durch einen Fluss, als Nächstes kam ein Sumpf, wo meine Mutter einen höllischen Schrecken bekam, als plötzlich ein kleiner Frosch aus dem Sumpf sprang und auf ihrem Kopf landete. Mein Vater und ich lachten uns kaputt. Dann kam auch noch ein großer Berg, den wir überqueren mussten. Auf einmal sprang mir ein süßer, kleiner Affe auf meinen Rücken. Ich war überrascht, als ich den Affen auf meinem Rücken spürte. Ich hatte für unterwegs ein paar Bonbons eingesteckt. Wie von allen guten Geistern verlassen klaute mir der kleine Affe ein Bonbon aus der Hosentasche. Nach einer Weile kam eine große Schlange vom Baum heruntergeschlängelt. Ich habe erst gedacht, dass sie harmlos sei, aber plötzlich biss sie in meinen Arm. Der Führer erschoss sie sofort und sagte, dass das eine giftige Schlange war. Mein Vater band meinen Arm mit seinem Gürtel ab, damit das Gift nicht noch woanders hinkommt. Wir sind sofort zurückgeritten zum nächsten Dorf. Als wir endlich einen Arzt gefunden hatten, gab er mir eine große Spritze, machte einen Verband um meinen Arm, den ich nach drei Tagen wieder abnehmen durfte. Wir sind dann bald wieder nach Hause geflogen. Seitdem habe ich tierische Angst vor Schlangen.

16 **Beantworte die folgenden Fragen zu den Aufsätzen von Rebecca und André.**

a) Kannst du dir vorstellen, dass Rebecca selbst Reiterin ist? Woran merkst du das in ihrem Aufsatz?

b) André hat eine „blühende Fantasie". Er war noch nie auf Safari. Woran merkt man das?

c) André beschränkt sich nicht auf ein Erlebnis mit Tieren, sondern er erzählt mindestens drei Vorfälle. Mit welchen Tieren?

d) Andrés Aufsatz wird nicht durch Absätze gegliedert. Wo hätten Absätze gemacht werden müssen? Markiere sie im Text.

e) Der Aufsatz von André enthält einige schlechte, umgangssprachliche Ausdrücke. Markiere sie rot.

f) Rebeccas Aufsatz ist viel besser. Warum ist es wichtig, dass sie im ersten Abschnitt erzählt, dass sich Lisa vorbildlich um das Pferd kümmerte und fast den ganzen Tag mit ihm verbrachte?

g) Rebeccas Aufsatz lässt sich an einigen Stellen noch verbessern. Gelegentlich sind die Sätze zu lang: Zeile 9–10, Zeile 15–17. Verbessere den Satzbau im Aufsatz von Rebecca.

h) Beide Aufsätze haben eine eigene Überschrift. Sind die Überschriften richtig gewählt? Begründe deine Meinung.

17 **Schreibe auch einen Aufsatz zu dem Thema „Erlebnisse mit Tieren". Beschränke dich auf ein Erlebnis. Denke daran, deinen Text durch Absätze zu gliedern.**

1.5 Fantasiegeschichte

Traum- und Fantasiegeschichten erzählen

In **Traum- und Fantasiegeschichten** erzählst du von dem, was man nur im Traum oder in der Fantasie erleben kann. Beantworte zur Vorbereitung folgende Fragen:

- Wie sieht der Ort aus, an dem das Geschehen stattfindet?
- Welche besonderen Eigenschaften haben die Menschen oder die anderen Figuren in der Fantasiegeschichte?
- Was ist das ganz Besondere an diesem fantastischen Geschehen?

18 **Gehören die folgenden Ideen eher zu einer Erlebniserzählung oder zu einer Fantasiegeschichte? Trage die entsprechenden Nummern in die Tabelle unten ein.**

1 zum ersten Mal allein zu meinen Großeltern mit dem Zug gefahren
2 allein in einem dunklen, großen Wald
3 morgens um 8:00 Uhr losfahren
4 von Weitem ein Pferd mit gelb-blauen Punkten sehen
5 die Gedanken des Pferdes lesen
6 Intercity fahren
7 ein spannendes Buch lesen
8 blutrote Wiesen, über denen noch der Nebel hängt
9 je weiter man sich entfernt, desto größer wird das Tier
10 schnell noch ein Brötchen kaufen
11 den Wald durchdringt eine sonderbare Melodie
12 den Anschlusszug verpassen
13 die Großeltern mit dem Handy über die Verspätung informieren
14 Vögel mit Mäusekrallen in der Luft
15 einen Schaffner mit feuerrotem Haar und Augenbrauenpiercing treffen
16 mit Überschallgeschwindigkeit fliegen

Erlebniserzählung	Fantasiegeschichte

5. KLASSE

19 **Lies den Aufsatz zum Thema „Schülerinnen und Schüler im Jahre 2222“.**

Aufsatz von Sandra

Mathematik ist nicht mein Lieblingsfach. Vorgestern hatte ich wieder die schlechteste Klassenarbeit geschrieben. Meine Mutter schimpfte den ganzen Nachmittag. Mein Vater sagte mir noch beim Zubettgehen:

„Wenn du die Prozentrechnung nicht lernst, wirst du nie eine gute Geschäftsfrau werden …“

Verdrießlich schlief ich ein. – Da fand ich mich wieder in einem bequemen Sessel zusammen mit einem blassen, aber netten Mädchen.

„Oh, du bist neu hier?“, fragte sie. „Warum siehst du so verdrießlich aus?“

„Ich habe eine Sechs in Mathematik geschrieben. Ich verstehe das Prozentrechnen nicht!“

„Du gehörst wohl noch zu den Menschen, die alles selbst lernen mussten? Jetzt haben wir es einfacher.“

Sie nahm einen kleinen Apparat, der so aussah wie ein Handy, und programmierte ihn auf „Prozentrechnen“. Dann sagte sie: „Halte den Apparat an deinen Kopf. Dann werden deine Gehirnzellen auf Prozentrechnen programmiert.“

Ich tat es. Plötzlich verstand ich alles! Im Kopf konnte ich ausrechnen: 5,5 Prozent von 45 000 … 2475. Ich war so erschrocken, dass ich aufwachte.

Meine neuen Fähigkeiten blieben mir auch in der Schule erhalten. Mein Lehrer staunte. Er stellte mir eine Aufgabe nach der anderen. Ich konnte sie alle richtig ausrechnen. Er musste mir eine Eins geben.

Nach dem Unterricht ärgerte ich mich, dass ich mit dem Zauberhandy nicht gleich das Mathematikbuch des nächsten Schuljahrs in meinen Kopf einprogrammiert hatte. Aber vielleicht träume ich noch einmal.

20 **Bearbeite die folgenden Aufgaben zu Sandras Aufsatz.**

a) Die Einleitung zu diesem Aufsatz geht bis Zeile ____.

b) Hast du verstanden, was der kleine Apparat kann? Erkläre.

____

____

c) Welche erstaunliche Fähigkeit hat Sandra am nächsten Tag?

____

d) Sandra hatte den Aufsatz zunächst nur bis Zeile 21 geschrieben, als sie ihn in der Klasse vorlas. Ein Mitschüler hatte die Idee für den Zusatz. Wie findest du den Schluss?

Ich hätte den Aufsatz mit Zeile 21 beendet. ☐

Der Zusatz ist eine witzige Pointe, die den Aufsatz noch verbessert. ☐

21 **Erzähle die Fantasiegeschichte „Autofahrt in die Zukunft" zu Ende. Du träumst, wie man im Jahre 2222 reisen wird.**

Meine Eltern und ich fuhren im Auto nach Italien. Die Fahrt dauerte sehr lang und war ermüdend. Ich saß auf dem hinteren Sitz und döste vor mich hin.

1.6 Reizwortgeschichte

Eine Reizwortgeschichte erzählen

Eine beliebte Themenstellung, die es auch im Englischunterricht gibt, ist, dass du mehrere **Reizwörter** kombinieren sollst, um eine unterhaltsame, vielleicht sogar spannende Geschichte zu erzählen.
Eine Aufgabenstellung könnte beispielsweise lauten: „Erzähle eine Geschichte mit der Überschrift ‚Aufregung beim Klassenausflug' und verwende dabei folgende Reizwörter: Schlossbesichtigung, Langeweile, Himmelbett."

Wenn dir nicht gleich eine ganze Geschichte einfällt, kombiniere zunächst die Reizwörter, die sich am leichtesten verbinden lassen. Dann hast du bereits einen groben Zusammenhang für eine Geschichte. Füge anschließend in diesen Zusammenhang auch die schwieriger zu kombinierenden Wörter ein.

22 **Schreibe eine Erzählung mit der Überschrift „Eine Autofahrt mit Opa" und verwende dabei die Reizwörter aus dem Wortspeicher.**

Atembeschwerden – Handy – Notarzt

a) Stell dir vor, wie sich die Atembeschwerden des Opas äußern.

____

____

____

b) Wie wird das Auto gebremst?

____

____

c) Beschreibe, wo sich das Auto befindet.

____

____

23 **Schreibe nun die Geschichte in dein Übungsheft.**

2 Beschreiben und Darstellen

2.1 Gegenstandsbeschreibung

Einen Gegenstand beschreiben

Eine **Beschreibung** informiert in sachlicher Weise und ohne Wertungen über die besonderen Merkmale und Eigenschaften eines Gegenstands, einer Person oder eines Vorgangs.

Bei der **Gegenstandsbeschreibung** gibst du genaue Informationen zu Größe, Farbgestaltung, Material und Funktion eines Gegenstands.

Sammle zuerst Stichpunkte und ordne sie. Dann kannst du beginnen zu schreiben:

- Im **Einleitungssatz** benennst du den Gegenstand genau.
- Im **Hauptteil** beschreibst du zunächst die auffälligsten Merkmale, dann die weiteren wichtigen Eigenschaften.
- Runde deine Beschreibung mit einem kurzen **Schlusssatz,** z. B. zur Funktion des Gegenstands, ab.

Die Gegenstandsbeschreibung steht immer im **Präsens.** Schreibe in einer klaren und sachlichen Sprache mit einfachem Satzbau.

1 Bringe die Informationen in eine sinnvolle Reihenfolge. Nummeriere sie.

__ Unter der Schreibfläche befinden sich zwei gleich große, rechteckige Regalfächer.
__ Über den Fächern befindet sich eine Ablagefläche.
__ Die Regalfächer sind 10 cm tief.
__ Die 41 cm breite und 51 cm hohe Schreibfläche besteht aus schwarzem Schiefer.
__ Die Tafel kann zum Schreiben kurzer Informationen und zum Ablegen kleiner Gegenstände genutzt werden.
__ Im Folgenden beschreibe ich eine Schreibtafel mit Regalfächern.
__ Sie sind aus dem gleichen dunklen Holz wie der Rahmen.
__ Sie ist von einem 2 cm breiten Rahmen aus dunklem Holz umgeben.
__ Die Tafel ist 45 cm breit und 63 cm hoch.

2 **Hier siehst du zwei Gegenstände und jeweils drei Einleitungssätze einer Gegenstandsbeschreibung. Welcher ist der beste Einleitungssatz und warum?**

a) 1 Also da ist so'n Ding mit 'ner Kerze drinne.
2 Der Gegenstand, den ich beschreibe, ist ein schwarzer Kerzenhalter.
3 Der Gegenstand ist schwarz und obendrauf steht eine Kerze.

Satz ___ ist der beste, weil ______________________

____.

b) 1 Was ich beschreibe, das ist ein Topf mit einem Stiel.
2 Vor mir steht eine schwarze Bratpfanne, die ich jetzt genauer beschreiben möchte.
3 Mit diesem Gegenstand kann man gut Bratkartoffeln machen.

Satz ___ ist der beste, weil ______________________________.

3 **Beschreibe den abgebildeten Gegenstand. Benutze dazu dein Übungsheft und halte dich an die vorgegebenen Arbeitsschritte:**
1. Schritt: Informationen sammeln, d. h. wichtige Auffälligkeiten notieren.
2. Schritt: Informationen sinnvoll ordnen.
3. Schritt: In ganzen Sätzen beschreiben, dabei eine sachliche und eindeutige Sprache benutzen.

Höhe: ca. 1,30 m
Breite: 65 cm
Schreibfeld: 50 x 65 cm
alle Teile aus Kunststoff
höhenverstellbar

4 **Benenne zu den abgebildeten Gegenständen und Personen jeweils vier auffällige Merkmale.**

Bild 1

Bild 2

Bild 3

______________________ ______________________ ______________________

______________________ ______________________ ______________________

______________________ ______________________ ______________________

______________________ ______________________ ______________________

5 **Schau dir das Bild gut an und beantworte die folgenden Fragen in deinem Übungsheft.**

a) Um was für eine Art Bild handelt es sich?

b) Was siehst du im Vordergrund, was im Hintergrund?

c) Welche Stimmung vermittelt das Bild?

Dr. R. König, Preetz

6 **Schreibe jetzt eine ausführliche Bildbeschreibung in dein Übungsheft.**

2.2 Vorgangsbeschreibung

Einen Vorgang beschreiben

Bei der **Vorgangsbeschreibung** informierst du über die einzelnen Handlungsschritte bei einer bestimmten Tätigkeit, sodass man diese Tätigkeit nachvollziehen kann (z. B. Bastelanleitung, Koch- oder Backrezept, Spielbeschreibung).

Du beginnst mit Informationen darüber, welche **Voraussetzungen** gegeben sein müssen oder welche Vorbereitungen getroffen werden müssen, damit der Vorgang ablaufen kann.
Dann beschreibst du die einzelnen **Handlungsschritte** der Reihe nach: Was muss man tun? Worauf muss man besonders achten?
Gib exakte Informationen und klare Handlungsanweisungen. Schreibe in einer einfachen und sachlichen Sprache und achte auf eine abwechslungsreiche sprachliche Gestaltung.
Am Ende der Vorgangsbeschreibung steht eine kurze Information über den Erfolg bzw. das **Ergebnis des Vorgangs.**

7 **Setze in der folgenden Vorgangsbeschreibung die unterschiedlichen Satzanfänge ein.**

danach – nun – daraufhin – im Anschluss daran – zuerst – anschließend – zum Schluss

__________ wird die Lampe ausgeschaltet. __________________ wird die Sicherung ausgeschaltet, da sonst die Gefahr eines Stromschlags besteht. __________________ löst man die defekte Glühlampe vorsichtig durch Linksdrehung aus der Fassung. ______________ wird die neue Energiesparlampe mit einer entsprechenden Rechtsdrehung – nicht zu fest – eingeschraubt. ________________ kann man die Sicherung wieder einsetzen. ______________________________ schaltet man das Licht wieder ein, um zu prüfen, ob das neue Leuchtmittel in Ordnung ist. __________________ wird die alte Glühlampe umweltverträglich entsorgt.

8 **Beschreibe in fünf Sätzen, wie man Bratkartoffeln zubereitet. Verwende dazu die folgenden Informationen. Achte auf unterschiedliche Satzanfänge!**

Kartoffeln waschen, schälen und in Scheiben schneiden – 20 ml Öl erhitzen – Kartoffeln in das heiße Öl geben – nach Geschmack mit Salz, Pfeffer, Paprika würzen – goldgelb braten, dabei von Zeit zu Zeit wenden

9 **Im Wortspeicher findest du die einzelnen Schritte zu drei verschiedenen Vorgangsbeschreibungen. Ordne sie richtig zu.**

Reise buchen – sich bei der Klassenarbeit konzentrieren – Erholung genießen – vor Publikum auftreten – Grammatik pauken – Applaus ernten – mit der Bahn fahren – Gitarre stimmen – gute Note bekommen

Vorbereitung	Durchführung	Ergebnis

10 **Beschreibe, wie man bei einem Füllfederhalter die Tintenpatrone wechselt.**

1 2 3 4 5

a) Bringe zunächst die Abbildungen in die richtige Reihenfolge:

b) Notiere nun den Vorgang in Stichworten.

c) Schreibe die ausführliche Vorgangsbeschreibung in dein Übungsheft.

2.3 Personenbeschreibung

Eine Person beschreiben

Bei der **Personenbeschreibung** gibst du die sichtbaren Merkmale eines Menschen sachlich und anschaulich wieder.

Fasse zunächst folgende **Angaben zu der Person,** die du beschreiben willst, zusammen: Geschlecht, Alter und Größe.
Danach benennst du besonders **auffällige Merkmale** der Person:

- Kopfform, Gesicht, Frisur,
- Körperbau und Haltung,
- Kleidung (Farbgestaltung der Kleidungsstücke, Material).

Auch die Personenbeschreibung musst du in einer sachlichen und klaren Sprache verfassen. Wähle treffende Adjektive und beschreibe nicht jedes einzelne Detail, sondern beschränke dich auf charakteristische Merkmale.

Aus der Fülle der Einzelinformationen soll am Ende ein Bild entstehen. Im Schlusssatz formulierst du daher den **Gesamteindruck** von der beschriebenen Person.

11 **Bilde jeweils aus einem Satzanfang und den Angaben zur Person einen Einleitungssatz; benutze dazu dein Übungsheft.**

Auf dem Bild ist ... – Auf dem vor mir liegenden Bild ... – Im Folgenden beschreibe ich ...

© panthermedia.net – Meseritsch H.

Bild 1: Frau um die 80 Jahre, geht mit einem Stock

Kessler-Medien, Saarbrücken

Bild 2: Stehender Mann, etwa 25 Jahre, trägt Wanderkleidung

MEV Verlag, Augsburg

Bild 3: Junge, etwa 9 Jahre, trägt T-Shirt mit dem Aufdruck „84“

12 **Ordne die folgenden Informationen den Bildern aus Übung 11 zu.**

1 hält einen Fußball unter dem linken Arm
2 trägt einen Hut und einen langen dunklen Mantel
3 trägt eine Baseballmütze mit dem Schirm nach hinten
4 runder, heller Hut aus Pflanzenfasern
5 ernster Gesichtsausdruck
6 führt einen Hund an der Leine
7 hat große Hosentaschen an der dunklen Jeans
8 Wanderanorak
9 hält mit beiden Händen die Gurte eines Rucksacks
10 helles Halstuch
11 stemmt den rechten Arm selbstbewusst in die Seite
12 trägt eine dunkle Jeans, von der nur ein Teil sichtbar ist

Bild 1: ______________________________

Bild 2: ______________________________

Bild 3: ______________________________

13 **Beantworte folgende Fragen in deinem Übungsheft. Betrachte dazu die Person genau; nutze auch die Informationen unter dem Bild.**

Welches Geschlecht hat die Person?
Wie alt ist sie?
Wie groß ist sie?
Wie sieht das Gesicht der Person aus?
Welche Frisur trägt sie?
Welche Haarfarbe hat sie?
Wie ist der Körperbau?
Ist ein Körperteil besonders auffällig?
Welche Kleidung trägt sie?
Wie ist die Haltung?

MEV Verlag, Augsburg

19-jähriger junger Mann, 1,82 groß

14 **Verfasse die Personenbeschreibung zum dem Bild aus Übung 13 in deinem Übungsheft. Formuliere zum Schluss deinen persönlichen Gesamteindruck.**

Eine historische Person darstellen

Die Darstellung von historischen Personen geht über die reine Personenbeschreibung hinaus. Auf der Grundlage von wesentlichen Daten der Lebensgeschichte entfaltet eine **Biografie** ein Persönlichkeitsbild einer solchen Person.

Bemerkenswerte Einzelheiten zur Lebensgeschichte der Person werden in anschaulicher Form präsentiert, z. B.: ihre besonderen Lebensumstände, ihre Eigenheiten, Stärken und Schwächen, die Motivation für ihr Tun, ihre besondere Lebensleistung.

Die biografischen Fakten werden mithilfe von **Anekdoten** auf anschauliche und unterhaltsame Weise vermittelt. Ob und inwieweit sich die beschriebenen Ereignisse wirklich so zugetragen haben, wie sie erzählt werden, ist eher nebensächlich.

Auch in erzählenden Texten werden die wesentlichen Informationen über den Charakter einer Figur eher indirekt vermittelt, etwa durch Aussagen über ihr Lebensumfeld, ihre Kleidung, ihr Verhalten und ihren Umgang mit anderen Menschen.

15 **Weise den Abbildungen eine der folgenden Personencharakteristiken zu.**

a) 

b) 

c) 

1 Er hat schon mehrere Praktika im Ausland hinter sich. Demnächst wird er wahrscheinlich eine Lehre als biologischer Assistent machen. In den Ferien fährt er als Betreuer einer Jugendgruppe nach Griechenland. Seine Eltern haben ihm schon früh viele Freiheiten gelassen.

2 Er ist sehr zielstrebig. Auf sein Äußeres legt er viel Wert. Er trägt nur Markenkleidung. Zum Geburtstag lässt er sich am liebsten Geld schenken. Sein Vater ist Beamter im Ministerium.

3 Er kommt aus einem wohlbehüteten Elternhaus. Er darf nur einmal in der Woche ausgehen. Wenn er abends zu spät nach Hause kommt, schimpft seine Mutter. Seine Großmutter strickt ihm gerne Pullover. Demnächst bekommt er eine Zahnspange.

16 **Verarbeite die folgenden Daten zu einer kurzen Darstellung des Lebens (biografische Skizze) von Michael Ende. Greife eine Situation heraus, die du besonders detailliert erzählst.**

*1929 in Garmisch-Partenkirchen – schrieb schon mit 14 erste Gedichte und kleine Erzählungen – Besuch einer Schauspielschule – Ausweitung seiner schriftstellerischen Tätigkeit: Theaterstücke, Hörspiele – 1960: schriftstellerischer Durchbruch mit „Jim Knopf und Lukas der Lokomotivführer" – Manuskript war vorher von mehreren Verlagen abgelehnt worden – 1961: Deutscher Jugendbuchpreis für „Jim Knopf" – Verfilmung mit der Augsburger Puppenkiste – 1972: „Momo" – 1979: „Die unendliche Geschichte" – weltweit bekannter Autor – zahlreiche Romane in fast 40 Sprachen übersetzt – viele auch verfilmt – zahlreiche Auszeichnungen und Preise – † 1995 in Stuttgart

a) Notiere zunächst deine Ideen in Stichworten.

b) Bringe die einzelnen Ideen in eine sinnvolle Reihenfolge. Schreibe den ausführlichen Text in dein Übungsheft.

2.4 Situationen schildern

Ein Ereignis schildern

Im Unterschied zum Bericht wird in einer **Schilderung** ein Ereignis oder Erlebnis aus persönlicher Sicht dargestellt. Schilderungen vermitteln die herrschende Atmosphäre sowie Stimmungen und Eindrücke der Beteiligten bzw. Zuschauenden. Sie werden eingesetzt in Sachtexten (vor allem in Reportagen) und in erzählenden Texten.

Das Wichtigste beim Verfassen einer Schilderung ist die Darstellung von Sinneseindrücken, Stimmungen und Empfindungen.

Die **Sprache** ist subjektiv und persönlich gefärbt. Besonders bewegende Momente werden anschaulich und detailliert dargestellt und in ihrer Wirkung deutlich hervorgehoben. Dazu benutzt man farbige und ausdrucksstarke Adjektive, treffende Verben sowie Sprachbilder und Vergleiche.

Schilderungen können im **Präteritum oder Präsens** verfasst werden. Das Präsens wirkt direkter und unmittelbarer und entspricht daher eher der Zielsetzung einer Schilderung.

17 **Stell dir vor, du bist … . Was kannst du alles sehen, hören, riechen, fühlen oder schmecken? Schreibe in dein Übungsheft.**

… auf einer Kirmes

… auf dem Bauernhof

… auf einer Bergwanderung

18 **Ordne den jeweiligen Stimmungen ein geeignetes Sprachbild bzw. einen geeigneten Vergleich zu. Verbinde die passenden Paare miteinander.**

erschöpft sein	in der Luft hängen
sich wohlfühlen	sich auf den Schlips getreten fühlen
beleidigt sein	sich wie gerädert fühlen
sich unsicher sein	sich wie ein Fisch im Wasser fühlen
wütend sein	schlotternde Knie haben
aufgeregt, ängstlich sein	einen Kloß im Hals haben
gerührt sein	einen Rochus haben

19 **Du kommst von einem anstrengenden Schultag nach Hause, es gibt deine Leibspeise. Was kannst du alles ...?**

... sehen: ____________________

____

... hören: ____________________

____

... riechen: ____________________

____

... fühlen: ____________________

____

... schmecken: ____________________

____

20 **Beschreibe jetzt in deinem Übungsheft die Zeit vom Öffnen der Wohnungstür bis zum ersten Bissen möglichst anschaulich.**

3

Berichten

3.1 Bericht

Über ein Geschehen berichten

Berichten bedeutet, über einen Vorgang oder ein Geschehen sachlich sowie klar und eindeutig zu informieren. Dabei helfen die **sieben W-Fragen:**

- Was ist geschehen?
- Wer war daran beteiligt?
- Wo hat es sich abgespielt?
- Wann hat es sich ereignet?
- Wie ist es abgelaufen?
- Warum ist es passiert?
- Welche Folgen hatte es?

1 **Formuliere die sieben W-Fragen und ordne die folgenden Antworten richtig zu.**

Angelina – mit großem Vorsprung – Sieg bei den Stadtmeisterschaften im Skateboardfahren – weil sie die Schwierigkeiten fast fehlerfrei bewältigte – am vergangenen Samstag – auf dem Parcours an der Stadthalle – Teilnahme an der Kreismeisterschaft

Frage	Antwort

Aufbau eines Berichts

In der **Einleitung** gibst du einen kurzen Überblick über das Ereignis und beantwortest kurz die Fragen: Was? – Wer? – Wann? – Wo?
Im **Hauptteil** informierst du möglichst genau über den Verlauf des Geschehens und beleuchtest die Frage: Wie?
Im **Schlussteil** berichtest du über Gründe und Hintergründe des Ereignisses sowie über seine Folgen: Warum? – Welche Folgen?

Die Reihenfolge der Informationen hängt von der Art und Absicht des Berichts ab:

- Beim **Augenzeugenbericht** kommt es auf die genaue zeitliche Reihenfolge der Informationen an, die Anordnung ist also chronologisch.
- Beim **Zeitungsbericht** steht dagegen eher das am Anfang, was der Schreiber für das Wichtigste hält: Ist es besonders wichtig, wer in das Geschehen verwickelt war? Ist der Ort, an dem sich das Geschehen abspielt, von besonderer Wichtigkeit? Ist es für die Leserinnen und Leser besonders interessant, wann sich das Geschehen ereignet hat? Sind die Folgen des Geschehens besonders schwerwiegend?

2 Sortiere die folgenden Informationen: Welche gehören in die Einleitung, welche in den Hauptteil, welche in den Schlussteil eines Berichts?

1. 18. September, 20:17 Uhr
2. High-Fly-Propellermaschine ABR-72
3. Frankfurter Flughafen
4. anschließend Sperrung der Landebahn
5. Verspätungen anderer Maschinen
6. Flugzeug rutscht von der schneebedeckten Landebahn
7. nach dem Aufsetzen
8. Beschädigung des Fahrwerks der Maschine
9. keine Verletzten
10. 28 Passagiere

Einleitung: ______________________

Hauptteil: ______________________

Schluss: ______________________

3 **Lies den Text unter der Tabelle, in dem vier Mädchen von einem Vorfall erzählen. Schreibe danach alle Sachinformationen in die rechte Spalte der Tabelle und bringe sie durch Nummerierung in der linken Spalte in eine sinnvolle Reihenfolge.**

Die Klasse 6 der Erich-Kästner-Realschule verbringt ihre Klassenfahrt im Jugendgästehaus. Frau Froehlingsdorf, die Klassenlehrerin, schläft noch, als vier Mädchen morgens um 7 Uhr an ihre Tür klopfen und dann aufgeregt ins Zimmer kommen:

Anna: Frau Froehlingsdorf! Heute Nacht! Sie glauben nicht, was wir erlebt haben!

Lena: Ich habe tief geschlafen, als ich plötzlich Britt schreien hörte.

Britt: Wenn du hörst, wie jemand langsam die Klinke herunterdrückt und dann siehst, wie jemand mit einer Taschenlampe durch den Raum leuchtet, dann möchte ich dich mal hören! Erst dachte ich, es sei einer von den Jungen, der uns erschrecken wollte. Aber als dann eine vermummte Person, ungefähr so groß wie mein Vater, das Zimmer betrat und zielstrebig auf die Schränke zuging, da musste ich ihn doch irgendwie davon abhalten.

Sarah: Das war genau richtig. Dein Geschrei hat seinen Zweck erfüllt. Der Dieb ist sofort aus dem Zimmer gerannt. Und zwar bevor er etwas stehlen konnte.

Anna: Ich bin sofort aus dem Bett gesprungen und habe auf dem Flur nachgesehen, wo er hinrennt. Er ist durch das Treppenhaus nach unten gerannt.

Lena: Ich bin auch auf den Flur gerannt und konnte erkennen, dass die Person eine schwarze kurze Daunenjacke trug.
Anna: Ich schätze, dass die Person 1,80 m groß war. Außerdem trug sie eine rot-schwarz gestreifte Mütze.
Britt: Ich habe sofort auf meinen Wecker geschaut: Es war 5:30 Uhr. Schade, dass wir den Typen nicht erwischt haben.
Frau Froehlingsdorf: Stopp! Geht jetzt wieder in euer Zimmer zurück. Ich schreibe noch schnell einen Bericht für die Hausverwaltung.

4 **Schreibe einen Bericht über den nächtlichen Vorfall im Jugendgästehaus aus Übung 3 in dein Heft.**

5 **Bei Zeitungsberichten werden weniger wichtige Informationen ans Ende gesetzt. So können sie schnell gekürzt werden. Kürze die folgenden Texte um insgesamt etwa zehn Zeilen.**

Hannah Fridrichs mit persönlicher Bestleistung
(Meinerzhagen) Bei den gestrigen Leichtathletik-Stadtmeisterschaften konnte die talentierte Nachwuchsathletin Hannah Fridrichs die Weitsprungkonkurrenz mit großem Vorsprung für sich entscheiden. Im letzten Versuch des Finales kam sie zu einer neuen persönlichen Bestleistung von 5,38 m und ließ ihre größten Konkurrentinnen damit um mehr als einen halben Meter hinter sich. In den ersten drei Durchgängen hatte Fridrichs noch mit den widrigen Witterungsverhältnissen zu kämpfen gehabt und war deshalb nur auf eine Bestweite von für sie enttäuschenden 4,53 m gekommen, womit sie sich nur ganz knapp für die Finaldurchgänge qualifiziert hatte. Mit diesem Sieg qualifiziert sich Fridrichs für die Titelkämpfe auf Kreisebene, die in gut vierzehn Tagen in Lüdenscheid stattfinden.

Sportausschuss berät über neue Nutzungsordnung für die Dreifachturnhalle
(Kierspe) Angesichts der ständig steigenden Nachfrage nach Trainingsmöglichkeiten berät der Sportausschuss in seiner heutigen Sitzung über eine neue Nutzungsordnung für die Dreifachturnhalle. Im Gespräch sind nach Auskunft des Ausschussvorsitzenden Hermann Botzen sowohl eine Ausweitung der Öffnungszeiten als auch die Erhebung einer Nutzungsgebühr. Ein dringliches Anliegen sei es auch, eine Mindestanzahl von

Sportlerinnen und Sportlern pro Trainingseinheit festzulegen, damit die Halle sinnvoll ausgelastet und nicht von Dreier- oder Vierergruppen pro Hallendrittel blockiert werde. Mit einer Entscheidung, so Botzen, sei in der heutigen Sitzung noch nicht zu rechnen, vielmehr sollten zunächst alle Beteiligten zu diesem Thema gehört werden. Alle Vereine seien zur Sportausschusssitzung eingeladen und aufgefordert, ihre eigenen Vorstellungen in die Diskussion einzubringen.

6 **Ersetze im folgenden Text alle unsachlichen Ausdrücke durch sachliche Informationen. Schreibe den überarbeiteten Text in dein Übungsheft.**

Geländewagen abgefackelt

Ein paar Verrückte haben in der Nacht zum Montag an der Albertstraße in Schweinfurt einen Sachschaden von über 50 000 Euro angerichtet. Gegen 3:10 Uhr zündeten sie einen super ausgestatteten und wahnsinnig teuren Mercedes-Geländewagen an. Das Fahrzeug brannte vollständig aus. Auch ein neben diesem Wagen geparkter mickriger Renault Clio wurde durch die Einwirkung der supergroßen Hitze beschädigt. Wahrscheinlich waren es auch die gleichen Kriminellen, die in derselben Nacht die Seitenscheiben von zwei weiteren an dieser Straße geparkten Autos total zertrümmert haben. Wer Beobachtungen zu diesen verwerflichen Taten machen konnte, soll sich bitte bei der Polizei melden.

7 **Schreibe einen kurzen Bericht über das in den Bildern dargestellte Ereignis in dein Übungsheft.**

3.2 Protokoll

Ein Protokoll verfassen

Das **Protokoll** ist eine Form des Berichts. Protokolle halten Gesprächsverläufe und Beschlüsse schriftlich fest und dienen als Nachweis der besprochenen Punkte. So können sich auch diejenigen, die an einer Besprechung nicht teilnehmen konnten, informieren. Jedes Protokoll beginnt mit Angaben über

- die Zeit,
- den Ort,
- den Anlass,
- die beteiligten Personen und
- die / den Protokollführende/n.

Protokolle werden im Präsens verfasst. Man unterscheidet drei Arten: Das **Verlaufsprotokoll** gibt den Gesprächsverlauf in der zeitlich korrekten Reihenfolge wieder. Alle Redebeiträge werden hier zusammengefasst. Am Ende wird das Ergebnis festgehalten. Es wird bei Konferenzen, Sitzungen und Verhandlungen angefertigt. Auch Unterrichtsstunden kann man protokollieren. In einem **Ergebnisprotokoll** werden nur die Beschlüsse oder Ergebnisse dokumentiert. Es ist deshalb weniger zeitaufwendig. Das **Versuchsprotokoll** fertigt man vor allem bei wissenschaftlichen Versuchen an. Neben der Aufgabenstellung werden alle benötigten Geräte und Hilfsmittel aufgelistet. Der Versuchsaufbau wird skizziert und beschriftet, der Versuchsablauf exakt wiedergegeben. Am Ende wird der Versuch ausgewertet und das Ergebnis festgehalten.

8 **Du kennst nun drei verschiedene Arten von Protokollen. Unten werden sie kurz erklärt. Notiere, ohne im oben stehenden Infokasten nachzulesen, um welche Protokollform es sich jeweils handelt.**

a) Es werden nur die Beschlüsse und Ergebnisse dokumentiert:

____

b) Man benötigt es vor allem bei wissenschaftlichen Experimenten; neben der Aufgabenstellung werden alle benötigten Geräte aufgelistet:

____

c) Es gibt den Gesprächsverlauf in der zeitlich korrekten Reihenfolge wieder; am Ende wird das Ergebnis schriftlich zusammengefasst:

____

9 **Deine Klasse diskutiert über das Ziel des anstehenden Ausflugs. Da vier Schüler abwesend sind, bittet dich die Lehrerin, Frau Schulz, ein Verlaufsprotokoll zu schreiben. Markiere zunächst, welche Punkte hierfür wichtig sind.**

Frau Schulz: „In zwei Wochen ist ein Jahresausflug geplant. Was wollen wir unternehmen?"

Lauter Jubel bricht los. Alle Schüler reden durcheinander.

Frau Schulz: „So kommen wir zu keinem Ergebnis. Meldet euch bitte zu Wort, es kommt jeder dran."

Marc: „Nachdem wir letztes Jahr schon was für die Mädchen gemacht haben, sind dieses Mal die Jungs dran. Ich wäre dafür, klettern zu gehen."

Einige Schüler klatschen Beifall, andere murren.

Julia: „Du willst nur deshalb klettern gehen, weil du das selbst gut kannst. Es sind aber nicht alle so sportlich wie du. Ich würde lieber etwas Gemütliches machen, zum Beispiel grillen."

Gemurmel erhebt sich. Die Lehrerin mahnt zum Schweigen.

Anja: „Also, ich sehe das nun so: Der eine Teil der Klasse möchte sich gerne sportlich betätigen, der andere Teil steht eher auf Gemütlichkeit. Können wir nicht vielleicht einen Mittelweg finden?"

Frau Schulz: „Natürlich, hat jemand einen Kompromissvorschlag?"

Timo: „Wie wäre es denn, wenn wir mit dem Rad zur Waldhütte fahren und dort grillen würden?"

Die Klasse murmelt beifällig.

Frau Schulz: „Das finde ich gut. Gibt es noch einen Vorschlag?"

Es meldet sich niemand mehr zu Wort.

Frau Schulz: „Dann stimmen wir nun ab. Wer für Timos Idee ist, meldet sich bitte."

Von 23 Schülern heben 20 ihre Hand.

Frau Schulz: „Gegenstimmen?"

Niemand meldet sich.

Frau Schulz: „Enthaltungen?"

Drei Hände gehen nach oben.

Frau Schulz: „Für das Protokoll: Mit 20 Stimmen und drei Enthaltungen wurde beschlossen, dass wir am Ausflugstag mit dem Fahrrad zur Waldhütte fahren und dort grillen."

10 **Erstelle nun zu der Diskussion in Übung 9 das Verlaufsprotokoll, indem du die Felder ausfüllst. Angaben, die aus dem Text nicht hervorgehen, darfst du dir selbst überlegen.**

Protokoll

Ort: ______________________________

am: ______________________________

von: ______________ bis: ______________

Anlass: ______________________________

Beteiligte Personen: ______________________________

____

Protokollführer/in: ______________________________

____

____

____

____

____

____

____

____

____

____

____

____

Ergebnis / Beschluss: ______________________________

____

Unterschrift Protokollführer/in: ______________________________

4 Inhaltsangaben verfassen

4.1 Inhaltsangabe

Einen literarischen Text zusammenfassen

Eine **Inhaltsangabe** informiert knapp über den Inhalt eines Textes.
Bei **literarischen Texten** enthält sie Antworten auf folgende Fragen:
- Welche Figuren kommen (in welchen Beziehungen zueinander) vor?
- Wo und wann geschieht etwas?
- Was geschieht?
- Aus welcher Perspektive wird erzählt?

Der **Einleitungssatz** informiert über die Textsorte, den Autor, den Titel, das Thema und die Aussageabsicht.
Im **Hauptteil** wird der Inhalt des Textes in zeitlicher oder logischer Reihenfolge wiedergegeben.
Das Tempus ist das **Präsens;** greift man auf Ereignisse zurück, die vor der eigentlichen Handlung liegen, so wird das Perfekt benutzt.
Die **Sprache** ist knapp und sachlich und verzichtet auf Wertungen. Der Inhalt des Textes ist mit eigenen Worten zusammenzufassen. Wichtige wörtliche Äußerungen werden mit eigenen Worten umschrieben oder in der indirekten Rede wiedergegeben.
Zum **Umfang** der Inhaltsangabe gilt: Das Wichtigste der Geschichte ist so knapp wie möglich darzustellen.

1 **Lies den folgenden Text.**

Brüder Grimm: Die Sachsenhäuser Brücke zu Frankfurt

In der Mitte der Sachsenhäuser Brücke sind zwei Bogen oben zum Teil nur mit Holz zugelegt, damit dies in Kriegszeiten weggenommen und die Verbindung leicht, ohne etwas zu sprengen, gehemmt werden kann. Davon gibt es folgende Sage:

Der Baumeister hatte sich verbindlich gemacht *(= versprochen)*, die Brücke bis zu einer bestimmten Zeit zu vollenden. Als diese herannahte, sah er, dass es unmöglich war, und wie nur noch zwei Tage übrig waren, rief er in der Angst den Teufel an und bat um seinen Beistand *(= Hilfe)*. Der Teufel erschien und erbot sich *(= bot an)*, die Brücke in der letzten Nacht fertig zu bauen, wenn ihm der Baumeister dafür das erste lebendige Wesen, das darüber ging, überliefern wollte. Der Vertrag wurde geschlossen, und der Teufel baute in der letzten Nacht, ohne dass ein Menschenauge in der Finsternis sehen konnte, wie es zuging, die Brücke ganz richtig fertig. Als nun der erste Morgen anbrach, kam der Baumeister und trieb einen Hahn über die Brücke vor sich her und überlieferte ihn dem Teufel. Dieser aber hatte eine menschliche Seele gewollt, und wie er sich also betrogen sah, packte er zornig den Hahn, zerriss ihn und warf ihn durch die Brücke, wovon die zwei Löcher entstanden sind, die bis auf den heutigen Tag nicht können zugemauert werden, weil alles in der Nacht wieder zusammenfällt, was tags daran gearbeitet ist. Ein goldner Hahn auf einer Eisenstange steht aber noch jetzt zum Wahrzeichen auf der Brücke.

2 **Schreibe die Hinweise aus dem Wortspeicher neben die Inhaltsangabe.**

Verfasser – Textsorte – Titel des Textes – Thema des Textes – Angabe der Gliederung – 1. Sinnabschnitt – 2. Sinnabschnitt

Die Brüder Grimm erzählen eine Sage über die „Sachsenhäuser Brücke zu Frankfurt“. Sie wollen erklären, warum das Mittelstück der Brücke nur aus Holz ist. ______

Der Text besteht aus zwei Teilen. Im ersten Abschnitt nennen die Brüder Grimm den wirklichen Grund. In Kriegszeiten kann man die Holzplanken wegnehmen, sodass der Feind nicht über die Brücke kommt. ______

Eine andere Erklärung findet man in einer Sage, die im Folgenden nacherzählt wird. Der Baumeister der Brücke hat Schwierigkeiten, das Bauwerk termingerecht fertig zu stellen. Deshalb bittet er den Teufel um Hilfe und verspricht ihm das „erste lebendige Wesen“, das über die Brücke geht. Nachdem der Teufel die Brücke in einer Nacht vollendet hat, treibt der Baumeister einen Hahn über die Brücke. Der Teufel hat aber einen Menschen erwartet. Zornig wirft der Teufel den Hahn gegen die Brücke, sodass Öffnungen entstehen. Den goldenen Hahn kann man heute noch auf der Brücke sehen. ______

3 **Lies den folgenden Text aufmerksam durch.**

Friedrich Schiller: Der Handschuh

Vor seinem Löwengarten,
Das Kampfspiel zu erwarten,
Saß König Franz,
Und um ihn die Großen der Krone
Und rings auf hohem Balkone
Die Damen in schönem Kranz.

Und wie er winkt mit dem Finger,
Auf tut sich der weite Zwinger,
Und hinein mit bedächtigem Schritt
Ein Löwe tritt
Und sieht sich stumm
Rings um,
Mit langem Gähnen,
Und schüttelt die Mähnen
Und streckt die Glieder
Und legt sich nieder.

Und der König winkt wieder,
Da öffnet sich behend
Ein zweites Tor,
Daraus rennt
Mit wildem Sprunge
Ein Tiger hervor.
Wie der den Löwen erschaut,
Brüllt er laut,
Schlägt mit dem Schweif
Einen furchtbaren Reif
Und recket die Zunge,
Und im Kreise scheu
Umgeht er den Leu
Grimmig schnurrend,
Darauf streckt er sich murrend
Zur Seite nieder.

Und der König winkt wieder,
Da speit das doppelt geöffnete Haus
Zwei Leoparden auf einmal aus,
Die stürzen mit mutiger Kampfbegier
Auf das Tigertier,
Das packt sie mit seinen grimmigen
Tatzen,
Und der Leu mit Gebrüll
Richtet sich auf, da wird's still,
Und herum im Kreis,
Von Mordsucht heiß,
Lagern sich die gräulichen Katzen.

Da fällt von des Altans Rand
Ein Handschuh von schöner Hand
Zwischen den Tiger und den Leun
Mitten hinein.

Und zu Ritter Delorges spottenderweis
Wendet sich Fräulein Kunigund:
„Herr Ritter, ist Eure Liebe so heiß,
Wie Ihr mir's schwört zu jeder Stund,
Ei so hebt mir den Handschuh auf."

Und der Ritter in schnellem Lauf
Steigt hinab in den furchtbarn Zwinger
Mit festem Schritte,
Und aus der Ungeheuer Mitte
Nimmt er den Handschuh mit keckem
Finger.

Und mit Erstaunen und mit Grauen
Sehen's die Ritter und Edelfrauen,
Und gelassen bringt er den Handschuh
zurück.
Da schallt ihm sein Lob aus jedem Munde,
Aber mit zärtlichem Liebesblick –
Es verheißt ihm sein nahes Glück –
Empfängt ihn Fräulein Kunigunde.
Und er wirft ihr den Handschuh ins
Gesicht:
„Den Dank, Dame, begehr ich nicht!"
Und verlässt sie zur selben Stunde.

4 **Welcher Textsorte ist der Text aus Übung 3 zuzuordnen?**

Der Text ist ______________________

5 **Kläre die Begriffe. Nimm gegebenenfalls ein Lexikon zu Hilfe.**

Zwinger: ____________________ Schweif: ____________________

Reif: ____________________ Leu: ____________________

speit ... aus: ____________________

Altan: ____________________

keckem: ____________________

6 **Beantworte folgende Fragen zum Text.**

Wer sind die beiden Hauptfiguren? ____________________

Wo spielt sich das Ganze ab? ____________________

7 **Fasse die Handlung in deinem Übungsheft in drei kurzen Sätzen zusammen.**

8 **Formuliere einen Einleitungssatz zu deiner Inhaltsangabe.**

In ____________________ „Der Handschuh" von Friedrich Schiller geht es um den ________________ eines Edelfräuleins und den ________________ eines Ritters, der sich nicht demütigen lassen will und sie deshalb verlässt.

9 **Schreibe jetzt eine Inhaltsangabe zu diesem Text in dein Übungsheft.**

10 **Lies die Kalendergeschichte von Johann Peter Hebel auf Seite 49.**

Johann Peter Hebel: Der kluge Richter

Ein reicher Mann hatte eine beträchtliche Geldsumme, welche in ein Tuch eingenäht war, aus Unvorsichtigkeit verloren. Er machte daher seinen Verlust bekannt und bot, wie man zu tun pflegt, dem ehrlichen Finder eine Belohnung, und zwar von hundert Talern, an. Da kam ein guter und ehrlicher Mann dahergegangen. „Dein Geld habe ich gefunden. Dies wirds wohl sein. So nimm dein Eigentum zurück!" So sprach er mit dem heitern Blick eines ehrlichen Mannes und eines guten Gewissens, und das war schön. Der andere machte auch ein fröhliches Gesicht, aber nur, weil er sein verloren geschätztes Geld wieder hatte. Denn wie es um seine Ehrlichkeit aussah, das wird sich bald zeigen. Er zählte das Geld und dachte unterdessen geschwinde nach, wie er den treuen Finder um seine versprochene Belohnung bringen könnte. „Guter Freund", sprach er hierauf, „es waren eigentlich 800 Taler in dem Tuch eingenäht. Ich finde aber nur noch 700 Taler. Ihr werdet also wohl eine Naht aufgetrennt und Eure 100 Taler Belohnung schon herausgenommen haben. Da habt Ihr wohl daran getan. Ich danke Euch!"

Das war nicht schön. Aber wir sind auch noch nicht am Ende. Ehrlich währt am längsten, und Unrecht schlägt seinen eigenen Herrn.

Der ehrliche Finder, dem es weniger um die 100 Taler als um seine unbescholtene *(= ehrenhafte)* Rechtschaffenheit zu tun war, versicherte, dass er das Päcklein so gefunden habe, wie er es bringe, und es so bringe, wie ers gefunden habe.

Am Ende kamen sie vor den Richter. Beide bestanden auch hier noch auf ihrer Behauptung, der eine, 800 Taler seien eingenäht gewesen, der andere, dass er von dem Gefundenen nichts genommen und das Päcklein nicht versehrt *(= beschädigt)* habe. Da war guter Rat teuer.

Aber der kluge Richter, der die Ehrlichkeit des einen und die schlechte Gesinnung des andern zum Voraus zu kennen schien, griff die Sache so an: Er ließ sich von beiden über das, was sie aussagten, eine feste und feierliche Versicherung geben und tat hierauf folgenden Ausspruch: „Demnach, und wenn der eine von euch 800 Taler verloren, der andere aber nur ein Päcklein mit 700 Talern gefunden hat, so kann auch das Geld des Letzteren nicht das nämliche *(= dasselbe)* sein, auf welches der Erstere ein Recht hat. Du, ehrlicher Freund, nimmst also das Geld, welches du gefunden hast, wieder zurück und behältst es in guter Verwahrung, bis der kommt, welcher nur 700 Taler verloren hat. Und dir da weiß ich keinen andern Rat, als du geduldest dich, bis derjenige sich meldet, der deine 800 Taler findet." So sprach der Richter, und dabei blieb es.

11 **Die folgenden Aufgaben und Hinweise können dir beim Erstellen einer eigenen Inhaltsangabe behilflich sein. Arbeite sie der Reihe nach durch.**

a) Eigentlich erwartet man von einem Richter, dass er eine gerechte Entscheidung trifft. Dieser entscheidet jedoch anders. Warum freuen wir uns trotzdem darüber?

____

____

____

b) Diese Kalendergeschichte besteht aus mehreren Sinnabschnitten. Kreuze an, welche Einteilung du für richtig hältst, und zeichne in der Kalendergeschichte an diesen Stellen senkrechte Linien ein.

- ☐ Zeile 1–22, Zeile 23–38
- ☐ Zeile 1–18, Zeile 19–26, Zeile 27–38
- ☐ Zeile 1–4, Zeile 4–16, Zeile 17–26, Zeile 27–38

12 **Der Text enthält wichtige und unwichtige Einzelheiten. Enthalten die folgenden Sätze wichtige Einzelheiten? Kreuze an.**

	Ja	Nein
a) Ein reicher Mann hat das Geld in ein Tuch eingenäht.	☐	☐
b) Die Belohnung beträgt hundert Taler.	☐	☐
c) Als der ehrliche Finder das Geld zurückgibt, tut er das mit einem heiteren Blick.	☐	☐
d) Der Besitzer nennt den Finder „guter Freund“.	☐	☐
e) Der Besitzer möchte den Finder um die versprochene Belohnung bringen.	☐	☐
f) Dem ehrlichen Finder ist es um seine unbescholtene Rechtschaffenheit zu tun.	☐	☐
g) Der kluge Richter erkennt die Ehrlichkeit des einen und die schlechte Gesinnung des anderen.	☐	☐

13 **Schreibe nun eine vollständige Inhaltsangabe in dein Übungsheft.**

4.2 Textwiedergabe

Einen Sachtext zusammenfassen

Eine Zusammenfassung von Sachtexten (z. B. Zeitungsartikel) nennt man auch **Textwiedergabe.** Sie enthält Antworten auf folgende Fragen:

- Um welches Thema geht es?
- Welche wichtigen Aussagen werden zu diesem Thema gemacht?

Es gibt zwei Möglichkeiten, den Inhalt eines Sachtexts wiederzugeben:

- Bei klar gegliederten Texten richtest du dich nach den Sinnabschnitten.
- Bei Texten ohne klare Gliederung richtest du dich nach den Gesichtspunkten.

14 **Lies das folgende Interview aus einer Zeitschrift gründlich durch.**

Sind Tiere eine gute Geschenkidee?
Einige Zeit nach Weihnachten steigt in den Tierheimen regelmäßig die Anzahl der abgegebenen Tiere. Tierschützer stimmen deshalb Tieren als Weihnachtsgeschenk nur sehr bedingt zu. Wir sprachen über dieses Thema mit Anneliese zum Kolk, Präsidentin des Bundesverbandes Tierschutz e. V. in Moers.

Frage 1: Vor allem viele Kinder wünschen sich zu Weihnachten ein Tier. Kann man diesen Wunsch erfüllen oder sollte man das aus Gründen des Tierschutzes generell ablehnen?

Eine generelle Antwort auf diese Frage gibt es nicht. Man muss immer die spezielle Situation sehen. Bei Kindern unter zehn Jahren ist es sehr problematisch. Bei älteren Kindern, vor allem wenn sie schon mit Haustieren aufgewachsen sind und ein bisschen Erfahrung haben, kann man eher zustimmen. Eine Möglichkeit ist, dem Kind z. B. erst einmal ein Buch über das gewünschte Tier zu schenken, damit es sich über die Bedürfnisse des Tieres informieren kann. Kinder müssen zuerst lernen, dass ein Haustier kein Spielzeug ist, sondern ein Lebewesen, das große Verpflichtungen mit sich bringt.

Frage 2: Eines der meistgewünschten Tiere ist ein kleiner Hund oder eine kleine Katze. Kann man bei Kindern ab zehn Jahren, auch wenn sie den Umgang mit Tieren schon gewöhnt sind, davon ausgehen, dass sie die damit verbundenen Verpflichtungen ganz übernehmen können?

Die meiste Belastung bleibt sicherlich bei den Eltern, in der Regel dann bei der Mutter. Von einem Kind kann man noch nicht erwarten, dass es die Verantwortung übernimmt. Speziell Hunde oder Katzen erfordern eine große Regelmäßigkeit und viel Betreuung, die Kinder noch nicht allein leisten können.

Frage 3: Wie sieht das mit weniger anspruchsvollen Tieren wie Kaninchen oder Meerschweinchen aus?

Kaninchen oder Meerschweinchen sind als „Anfangstiere“ für Kinder besser geeignet. Aber auch da muss man aufpassen, ob das Kind schon gelernt hat, dass es das Tier nicht als Spielsache ansieht. Meerschweinchen sind z. B. sehr aktive Tiere, laufen gerne überall herum, auch auf dem Tisch, von wo sie leicht herunterfallen können und sich dann unter Umständen schwere Verletzungen zuziehen.

Frage 4: Sind Hamster für Kinder geeignet?

Hamster sind nachtaktive Tiere und brauchen tagsüber ihre Ruhe. Kinder sind aber neugierig und wollen sehen, was das Tier so macht. Gerade kleinere Kinder können deshalb selten akzeptieren, dass sich der Hamster am Tag auf seinem Strohbettchen zusammenrollt und schläft.

Frage 5: Was sollte man beachten, wenn man ein Tier schenken will?

Grundsätzlich sollte das nie als Überraschung gedacht sein. Da gibt es einige Fragen, die besprochen werden müssen: Ist der Hauswirt einverstanden? Wünscht sich die ganze Familie das Tier? Ist man z. B. bei einem Hund sicher, dass gelegentliches Bellen niemanden stört? Hat man Zeit, mit dem Hund täglich spazieren zu gehen? Können Hundesteuer, Haftpflichtversicherung, Tierarztbesuche, vor allem aber Futterkosten bezahlt werden? Derjenige, der das Tier geschenkt bekommen soll, sollte es sich am besten schon vorher aussuchen und ein wenig kennenlernen können, weil ja auch der Charakter eines Tieres mit entscheidend dafür ist, ob man später damit zurechtkommt. Kleinere Hunde sind z. B. oft sehr temperamentvoll und brauchen sehr viel Bewegung. Eine gute Möglichkeit hierfür sind die Tierheime. Dort können zum einen die Pfleger und der Tierheimleiter genau Auskunft geben, und außerdem kann man zunächst einige Zeit mit dem Hund verbringen.

15 **Wer spricht in dem Interview? Wer sind die Interviewer, wer wird interviewt? Schreibe in dein Übungsheft.**

16 **Ergänze die Nummern der passenden Frage und Antwort des Interviews. Nenne wichtige Einzelheiten. Schreibe dann die Inhaltsangabe in dein Übungsheft.**

a) Einleitung (Zeile 1–___)

Wichtige Einzelheiten: ______________________________

____

b) Grundsätzliche Überlegungen, ob man Kindern überhaupt Tiere schenken soll. (Frage ___ / Antwort ___)

Wichtige Einzelheiten: ______________________________

____

c) Vor- und Nachteile einiger Haustiere. (Frage ___ / Antwort ___)

Hund, Katze: ______________________________

Kaninchen, Meerschweinchen: ______________________________

Hamster: ______________________________

d) Was ist beim Verschenken von Tieren zu beachten?

(Frage ___ / Antwort ___)

Wichtige Einzelheiten: ______________________________

____

17 **Lies den folgenden Sachtext.**

Wenn Kinder lärmen

Zu ihrer Agenturmeldung „Amtsgericht: Mutter muss ‚extremen Kinderlärm' abstellen" (F.A.Z. vom 22. Dezember): Ich habe drei sehr laute Kinder im Alter zwischen zwei und sieben Jahren. Ich weiß aus Erfahrung, dass dicke Teppiche und Filzpantoffeln den Kinderlärm nicht abstellen. Auch ich sehe mich außerstande, Hausarbeit und Kinderbetreuung so zu gestalten, dass meine Kinder gleichzeitig ruhig und still beschäftigt werden. Obwohl ich meine Kinder anhalte, sich nicht zu streiten, die Türen leise zu schließen, sich nur langsam zu bewegen, hallen ihre Geräusche im ganzen Haus wider. Ja, ich höre sie aus dem Auto schon von 100 Meter Entfernung sich unterhalten. Das sind eben Kinder. Ich höre auch durch das geschlossene Fenster Tornados *(= Düsenjäger der Luftwaffe)* fliegen, und ich höre auch nachts Mopeds fahren. Das ist eben in geschlossenen Ortschaften so. Beim Kinderlärm fängt die Kinderfeindlichkeit an.

Das Urteil ist kinderfeindlich. Eine Frau kann nicht Tag und Nacht Kinder so beschäftigen, dass sie Ruhe halten. Das Gericht hätte die Klage meines Erachtens abweisen sollen. Der Mutter wäre zu raten, ihre Kinder regelmäßig mittags in einen Park zu führen, damit sie abends nach einer Gutenachtgeschichte um 19 Uhr einschlafen. Gewöhnlich ist dann bis 23 Uhr Ruhe. Dann kann sie sich abwechselnd zu jedem Schreihals legen. Erfahrungsgemäß beruhigt das die Kinder nachts. Den Mitbewohnern ist zu raten, ihrerseits auf Kaffee und Aufputschmittel zu verzichten und tief Luft zu holen, wenn die Kinder toben. Statt im Keller die Ruhe zu suchen, sollten sie in der Kirche Gott danken, dass der Kinderlärm ihr größtes Problem ist. Allen Mietern des Hauses täte sicher eine Kur wohl, in der sie den Umgang mit Stadtlärm lernen. Das Gericht gibt mit seinem Urteil allen Frauen recht, die wegen der Kinderfeindlichkeit unserer Gesellschaft auf Kinder verzichten. *Melanie G. (Name von der Redaktion geändert)*

18 **Den Leserbrief kann man kaum abschnittsweise zusammenfassen, sondern du musst auf die wichtigsten Aspekte nacheinander eingehen und alle Gedanken zusammenfassen, die zusammengehören. Vervollständige die Ausführungen.**

Die lärmenden Kinder: Sie sind zwischen zwei und sieben Jahre alt, streiten, schlagen mit den Türen, sodass es im ganzen Haus hallt.

Vergebliche Maßnahmen der Mutter: ______________________________

____

Andere Lärmquellen: ______________________________

Ratschläge an die Mitbewohner: ______________________________

____

Kritik an dem Gerichtsurteil: ______________________________

____

19 **Schreibe nun die Inhaltsangabe in dein Übungsheft.**

5

Gebrauchstexte verfassen

5.1 Brief

Einen Brief schreiben

Jeder Brief trägt oben den Namen und die Adresse des **Absenders** sowie des **Empfängers** des Briefes. Am rechten Rand steht das **Datum,** an dem er geschrieben wurde.
Damit der Adressat (Empfänger) des Briefes gleich weiß, worum es geht, stellst du dem eigentlichen Brieftext eine kurze **Themenformulierung** voran (Betreff).
Danach folgt die höfliche **Anrede** des Adressaten. Denke daran, dass du die höflichen Anredepronomen immer großschreiben musst.
Den Brief beendest du mit einer **Grußformel** und deiner **Unterschrift.**

1 **Setze in dem Brieftext die richtigen Anredepronomen ein.**

Sehr geehrte Frau Dr. Bingemann,

wie __________ vielleicht bekannt ist, kommen die Busse der Linie 58 häufig zu spät. Dadurch verpassen viele Schüler dann den Anschlussbus zur Schule. Wenn _____ als Schülerin auch auf öffentliche Verkehrsmittel angewiesen waren, dann wissen _____ sicherlich, wie unangenehm es ist, wenn man morgens in der Kälte auf den Bus warten muss. Können _____ sich bei den Verkehrsbetrieben dafür einsetzen, dass die Busse pünktlicher kommen?

Mit freundlichen Grüßen

Schülervertretung Albert-Einstein-Gesamtschule

2 **Was könnte die Bürgermeisterin Frau Dr. Bingemann der Schülervertretung geantwortet haben? Schreibe einen Antwortbrief in dein Übungsheft.**

5.2 Bewerbung

Ein Bewerbungsschreiben formulieren

Bewerbungsschreiben und Lebenslauf gehören zu den **formalisierten Textformen.** Beim Verfassen musst du vorgegebene Formen einhalten.
Aufbau eines **Anschreibens:** Am oberen linken Rand steht deine Adresse, dann folgt die Adresse des Empfängers. Oben rechts steht das Datum. Unter dem Empfängerfeld steht fett hervorgehoben die **Betreffzeile,** danach folgt die **Anrede.**
In der **Einleitung** erläuterst du den Grund deines Schreibens.
Dann stellst du dar, weshalb du den angestrebten Beruf erlernen möchtest, und beschreibst kurz deine momentane Situation.
Nun folgt der **Schlusssatz** mit der Bitte um eine persönliche Vorstellung.
Danach kommen die **Grußformel** und deine **Unterschrift** (möglichst mit deinem getippten Namen) sowie die Auflistung der Anlagen.
Lege deinem Anschreiben Lebenslauf, Zeugnisse und Bescheinigungen über Praktika usw. bei.

3 **Formale Kriterien beachten: Kreuze die richtige Antwort an. Achtung: Manchmal sind mehrere Lösungen richtig!**

a) In einem **formalen** Brief steht die **Anschrift ...**
- ☐ in der Mitte des Blattes.
- ☐ am rechten Seitenrand.
- ☐ am linken Seitenrand.

b) In einem **formalen** Brief steht das **Datum ...**
- ☐ am rechten Seitenrand.
- ☐ überhaupt nicht.
- ☐ am linken Seitenrand.

c) In einem **formalen** Brief ist der **Absender ...**
- ☐ unwichtig und kann daher weggelassen werden.
- ☐ vollständig anzugeben.
- ☐ am rechten Seitenrand zu platzieren.

d) In einem **formalen** Brief ist die **Anrede ...**
- ☐ höflich und korrekt zu formulieren.
- ☐ „Sehr geehrte Damen und Herren“.
- ☐ wichtiger Bestandteil des Schreibens.

4 **Das Anschreiben von Svenja ist durcheinandergeraten. Ordne es, indem du die Zahlen von 1 bis 15 auf die Linien schreibst.**

__ Im Berufsinformationszentrum in Sonnenstadt habe ich mich ausführlich über das Tätigkeitsfeld einer Steuerfachgehilfin informiert.

__ Anlagen

__ **Bewerbung um einen Ausbildungsplatz als Steuerfachgehilfin**

__ Mit freundlichen Grüßen

__ Zurzeit besuche ich die 10. Klasse der Realschule in Sonnenstadt, die ich im Sommer 2011 mit der mittleren Reife beenden werde.

__ Über eine Einladung zu einem Gespräch würde ich mich sehr freuen.

__ Svenja Sonne
Sonnenstr. 2
10356 Sonnenstadt
Tel.: 01 23/45 67

__ Sehr geehrte Damen und Herren,

__ Da ich gerne mit Daten und Zahlen umgehe, habe ich für mein Praktikum das Steuerbüro Mahnsache in Sonnenstadt gewählt. Dort habe ich Einblicke in die Tätigkeiten einer Steuerfachgehilfin bekommen.

__ Das hat mich in meinem Berufswunsch noch bestärkt.

__ *Svenja Sonne*

__ Steuerbüro Blitzgescheit
Finanzamtstr. 76
09876 Steuerdorf

__ 26.10.2010

__ In meiner Freizeit spiele ich Handball in der A-Jugend des TuS Sonnenstadt.

__ in Ihrer Anzeige vom 25.10.2010 in der Tageszeitung Sonnenstadt bieten Sie einen Ausbildungsplatz zur Steuerfachgehilfin an.

Einen Lebenslauf verfassen

Ein **Lebenslauf** listet in knapper, tabellarischer Form die persönlichen Daten, die Schulbildung, Angaben zum Praktikum, besondere Kenntnisse und Hobbys auf. Am Ende stehen Datum und Unterschrift.

5 **Schreibe einen Lebenslauf, indem du deine Daten in die Vorlage einträgst.**

Persönliche Daten

Name, Vorname: ______________________

Geburtsdatum/-ort: ______________________

Staatsangehörigkeit: ______________________

Anschrift: ______________________

Telefon: ______________________

E-Mail: ______________________

Eltern: ______________________

Schulbildung

__________ ______________________

__________ ______________________

Praktikum

__________ ______________________

Besondere Kenntnisse

____

Hobbys

____

____

Argumentieren

6.1 Meinungen äußern

Die eigene Meinung finden und formulieren

Damit du dir eine **Meinung bilden** und mitreden kannst, sammle zuerst
- allgemeine Grundsätze und Regeln,
- eigene Beobachtungen und Erfahrungen,
- Aussagen von Fachleuten (Experten) und die Auswertung schriftlicher Informationen,
- Aussagen von Betroffenen.

Wenn du dir mithilfe der Materialien klargemacht hast, worum es geht, kannst du deine Meinung als **These formulieren,** je nach Ausgangsfrage als
- eine bloße Behauptung,
- eine Empfehlung,
- eine kurz begründete Bewertung.

1 **Ordne die Aussagen richtig zu und verbinde mit Linien.**

a) Pia geht, das hat ihre Mutter gesagt, viel liebevoller mit anderen Tieren um, seitdem sie ein Meerschweinchen hat.	allgemeiner Grundsatz
b) Die Versorgung eines Haustiers ist für Kinder eine gute Möglichkeit, verantwortliches Handeln einzuüben.	eigene Beobachtung und Erfahrung
c) Die Haltung eines Meerschweinchens ist nach Auskunft meiner Biologielehrerin nicht sehr aufwendig, denn es genügt ein offener, geräumiger Käfig.	Expertenmeinung
d) Als wir letztes Jahr ein Haustier bekamen, habe ich eine viel bessere Note in Biologie bekommen.	Meinung von Betroffenen

2 **Formuliere zu den folgenden Aussagen die passenden Thesen.**

1. Thema: Ausfall bzw. Kürzung des Sportunterrichts

Untersuchungen haben ergeben, dass körperliche Fitness auch für die Leistungen in anderen Bereichen förderlich ist.

Viele Kinder haben Übergewicht, das liegt zum Teil auch daran, dass sie sich viel zu wenig sportlich betätigen.

Stefan (Schüler): „Der Sportunterricht macht mir immer viel Spaß!"

Herr Schmoll (Sportlehrer): „Der Sportunterricht ist auch für das soziale Miteinander in der Klasse sehr wichtig!"

These: ____

2. Thema: Abschaffung von Hausaufgaben

Jana (Schülerin): „Die meisten Hausaufgaben werden sowieso von den Eltern oder Geschwistern gemacht oder einfach abgeschrieben."

Frau Merten (Lehrerin): „Vieles, was im Unterricht erarbeitet wird, muss von den einzelnen Schülerinnen und Schülern noch gründlich eingeübt werden, dazu sind Hausaufgaben unverzichtbar."

Eine Studie hat ergeben, dass Schülerinnen und Schüler, die ihre Hausaufgaben regelmäßig und gewissenhaft anfertigen, auch in den Klassenarbeiten bessere Noten bekommen.

Professor Marx (Wissenschaftler): „Hausaufgaben sind eine gute Möglichkeit, die selbstständige Organisation von Lernprozessen zu üben."

These: ____

3. Thema: Klassenfahrt in ein Selbstverpflegerhaus

Die Schülerinnen und Schüler können eine Menge lernen, wenn sie sich selbstständig um ihre Verpflegung kümmern müssen: preis- und umweltbewusstes Einkaufen der Waren, Zubereitung der Speisen usw.

Die Zeit, die für die Vorbereitung und Zubereitung der Mahlzeiten eingesetzt wird, geht für andere Klassenaktivitäten verloren.

Pia (Schülerin): „Prima, wenn wir selbst kochen, können wir immer das machen, was uns wirklich schmeckt! Außerdem können wir auf die Wünsche Einzelner besser eingehen!"

Das gemeinsame Vorbereiten und Zubereiten der Mahlzeiten muss gründlich miteinander geplant werden, es kann zum besseren Miteinander in der Klasse beitragen.

These: ____

Argumente finden und einsetzen

Wenn unterschiedliche Meinungen aufeinanderstoßen, musst du deine eigene Meinung gut **begründen.** Dabei helfen dir die Informationen, die du vorher erarbeitet hast.
Eine allgemein als richtig angesehene Tatsache oder Regel sowie die Meinung von Experten gelten als sehr starke Argumente. Weniger überzeugungsstark ist ein Argument, das sich im Wesentlichen nur auf deine eigenen Erfahrungen bzw. die Meinung einer einzelnen anderen Person bezieht.

Folgende Arbeitsschritte helfen dir, passende Argumente zu finden:

- Notiere stichpunktartig, was dir alles zum gegebenen Thema einfällt.
- Ordne deine Notizen in Argumente und Beispiele.
- Ordne die Argumente vom schwächsten zum wichtigsten Argument.
- Finde zu jedem Argument ein konkretes Beispiel.

3 **Hier siehst du Notizen zur Stellungnahme „Ich bin der Meinung, dass die Schule das Tragen einer Schuluniform einführen sollte". Ordne sie in Argumente (A) und Beispiele (B), indem du den passenden Buchstaben ankreuzt.**

	A	B
a) Manche Schüler in meiner Klasse werden ausgegrenzt, weil sie keine Markenkleidung tragen.	☐	☐
b) Die Eltern müssen Schulmaterialien und Bücher kaufen, in die Klassenkasse einzahlen sowie Ausflüge oder Wandertage finanzieren.	☐	☐
c) Schüler in Uniform identifizieren sich stärker mit ihrer Schule.	☐	☐
d) Schuluniformen verringern das Konkurrenzdenken unter den Schülern.	☐	☐
e) Durch die Einführung von Schuluniformen werden die finanziellen Belastungen in einem Schuljahr reduziert.	☐	☐
f) In England hat das Tragen von Schuluniformen zu einer Einebnung des Gegensatzes von Arm und Reich geführt.	☐	☐
g) Schuluniformen verdecken nur soziale Unterschiede und können unterschiedliche Lernvoraussetzungen nicht beseitigen.	☐	☐

4 **Ordne den Argumenten auf der linken Seite die passenden Gegenargumente rechts zu, indem du sie mit Linien verbindest.**

Das Flugzeug ist das schnellste Verkehrsmittel.	Pommes schmecken aber besser.
Ein Sonnenbad ist gut für den Körper und die Seele des Menschen.	Die Verletzungsgefahr beim Hallenfußball ist aber sehr groß.
Vollkornbrot ist sehr gesund.	Die Eisenbahn ist aber wesentlich umweltfreundlicher.
Bei Hallenfußballturnieren wird häufig technisch sehr guter Fußball geboten.	Man muss aber auch die Gefahren durch zu intensive Sonneneinstrahlung beachten.

5 **Laura möchte ihre Freundin Lena davon überzeugen, in den nächsten Sommerferien gemeinsam an einer Jugendfreizeit teilzunehmen. Sie schreibt ihr eine E-Mail. Welche Argumente bringt Laura darin vor? Unterstreiche sie.**

Liebe Lena,
für mich ist es überhaupt keine Frage, dass ich im Sommer wieder an der Jugendfreizeit teilnehme. Denn der Zeltplatz, auf dem wir immer sind, liegt an einem wunderschönen See. Das Beste aber ist, dass wir in großen Zelten mit Holzböden schlafen, das hat im letzten Jahr allen sehr gut gefallen. Außerdem ist ein solches Zeltlager wirklich gut, um Gemeinschaft zu erleben. Und die Betreuerinnen und Betreuer bringen uns sogar noch das Kochen bei. Meine Mutter will unbedingt, dass ich wieder mitfahre. Sie meint, dass ich beim Zeltlager im letzten Jahr eine Menge gelernt habe. Ich würde mich riesig freuen, wenn du auch dabei wärst, denn das würde uns beiden bestimmt noch mehr Spaß bringen.
Herzliche Grüße!
Deine Laura

6 **Lena findet zu jedem Argument von Laura ein gutes Gegenargument, sie hat sich Stichwörter gemacht. Schreibe aus diesen Stichwörtern im Wortspeicher die Antwortmail. Benutze dazu dein Übungsheft.**

> drei Wochen Urlaub mit meinen Eltern – Flugreise in den Süden – schöne Hotelanlage – Programm für Jugendliche – abends Disco – eigenes Hotelzimmer – Kennenlernen netter Jugendlicher – Hotelrestaurant – Sehenswürdigkeiten

7 **Ordne folgende Argumente zur Stellungnahme „Jeder Mensch sollte ein Hobby ausüben" vom schwächsten (1) zum wichtigsten (6) Argument, indem du sie aufsteigend nummerierst.**

__ Hobbys lenken vom Alltag ab.

__ Durch das Ausüben von Hobbys lernt man Gleichgesinnte kennen.

__ Hobbys vertreiben die Langeweile.

__ Hobbys schaffen Einblicke in verschiedene Lebensbereiche.

__ Das Ausüben von Hobbys kann die Gesundheit fördern.

__ Hobbys können Erfolgserlebnisse schaffen.

8 **Finde zu den Argumenten von Übung 7 – geordnet vom schwächsten zum wichtigsten Argument – je ein Beispiel, das das Argument unterstützt.**

Argument	Beispiel
1	
2	
3	
4	
5	
6	

6.2 Kommentar

Einen Kommentar formulieren

Nach einer kurzen Darstellung eines Sachverhalts nimmt der Kommentator Stellung zu einem Problem. Kommentare vermitteln im Wesentlichen Meinungen der Schreibenden, daher sind in ihnen **bewertende, beurteilende und empfehlende Aussagen** erwünscht.

9 **Unterstreiche die subjektiven und wertenden Aussagen.**

Projekttage – wozu?

Nun haben die Projekttage also stattgefunden. Fragt man die Beteiligten nach ihren Eindrücken, so bekommt man unterschiedliche Auskünfte. Von begeisterter Zustimmung bis zu vernichtender Kritik und – was noch schlimmer ist – gelangweilter Gleichgültigkeit reichen die Reaktionen.

Projekttage geben – in der Theorie – jedem die Chance, auf einem bestimmten Gebiet praktisch zu arbeiten. Die Möglichkeit, mit Schülern aus unterschiedlichen Jahrgangsstufen zusammenzuarbeiten, die selbstständige Arbeitsorganisation und die Orientierung an einem konkreten praktischen Projekt machen diese alternative Form des Lernens so reizvoll.

Inwiefern diesem Anspruch gerecht geworden ist, muss jeder für sich bewerten. Insgesamt gilt: Projekttage, die von vielen als vorgezogene Ferien gesehen werden, und Projekttage, die von den Jugendlichen zwar vehement eingefordert werden, bei deren Vorbereitung sich die Schülerinnen und Schüler aber vornehm zurückhalten, sowie Projekttage, die im schulischen Leben keine herausgehobene Stellung haben, sondern so nebenbei eben auch noch gemacht werden – müssen? –, verdienen diesen Namen nicht, man sollte sie sich schenken!

6.3 Erörterung

Eine steigernde Erörterung verfassen

In der sogenannten **linearen oder steigernden Erörterung** wird ein Thema nur aus einer Perspektive betrachtet. Man benutzt folgendes Gliederungsschema:

- In der **Einleitung** wird kurz zum Thema hingeführt, die Aktualität bzw. Problematik des Themas wird herausgestellt.
- Der **Hauptteil** beginnt mit der Formulierung der eigenen Meinung (These) zur Fragestellung.
- Danach werden zur **Begründung der These** (Behauptung) die gesammelten Argumente angeführt. Dabei wird das stärkste Argument an das Ende der Argumentation gestellt.

Die einzelnen Argumente sollten sprachlich abwechslungsreich miteinander verknüpft werden. Die Überzeugungskraft eines Arguments wird meistens durch die Angabe der Quelle bzw. die Nennung von prominenten Gewährsleuten gesteigert.

Tipp: Entscheidend ist die Qualität und nicht die Anzahl der Argumente. Auf schwache und anfechtbare Begründungen sollte man daher besser verzichten.

10 **Erfasse das Thema, indem du die jeweilige Aufgabenstellung mit eigenen Worten formulierst.**

a) Erachtest du tägliche Hausaufgaben als sinnvoll?

____

____

b) Warum kommt es in Deutschland zu einer ständigen Zunahme des Rechtsradikalismus?

____

____

c) Welche Vorteile bieten die öffentlichen Verkehrsmittel?

____

____

____

11 **Welches ist das beste Argument, welches das zweitbeste, welches das drittbeste? Nummeriere.**

a) Ich bin für einen Campingurlaub, weil ...

__ meine Oma früher auch immer Campingurlaub gemacht hat.

__ man dabei sehr viel in der freien Natur sein kann.

__ man dabei im Vergleich zu einer Ferienwohnung fünf Euro am Tag sparen kann.

b) Ich möchte mit der Bahn in den Sommerurlaub fahren, weil ...

__ die Bahn verspricht, dass es viel entspannender ist, als mit dem Auto zu reisen.

__ das viel ökologischer ist, als mit anderen Verkehrsmitteln zu reisen.

__ mein Opa auch so gerne Bahn fährt.

c) Ich möchte in diesem Jahr mal in den Bergen Urlaub machen, weil ...

__ wir in den letzten Jahren immer an der Nordsee waren.

__ das Wetter in den Bergen immer besser ist als an der Nordsee.

__ ich gerne wandern und die Bergwelt der Alpen erleben möchte.

12 **Suche für folgende Thesen jeweils drei Argumente. Stelle das überzeugungsstärkste Argument an den Anfang. Schreibe in dein Übungsheft.**

a) Allen Schülerinnen und Schülern sollte in der Schule ein Internetzugang zur Verfügung stehen.
b) Jede Schülerin und jeder Schüler sollte sich für die Arbeit der Schülervertretung interessieren und sie nach Kräften unterstützen.
c) In jeder Schule sollte es eine Cafeteria geben, in der man sich ein gesundes Frühstück kaufen kann.

13 **Ordne den Thesen die passenden Argumente zu.**

Eine Klassenfahrt ist wichtig für eine gute Atmosphäre in der Klasse.		Für die Aufsicht in der Turnhalle würde ein Lehrer pro Tag genügen.
Weil viele Vereine in den Ferien geschlossen haben, würden die Schülerinnen und Schüler sich gerne in der Schule sportlich betätigen.	**These 1: Die erste große Pause sollte auf eine halbe Stunde verlängert werden.**	Durch eine ausreichende Entspannung in einer längeren Pause würde die Konzentration in den folgenden Stunden steigen.
Im Pausenladen ist es meistens so voll, dass die Pause nicht ausreicht, um in Ruhe das gekaufte Brötchen zu essen.	**These 2: In jedem Schuljahr sollte jede Klasse eine mehrtägige Studienfahrt machen.**	Der Hausmeister ist den größten Teil der Ferien ohnehin da.
Wenn man in Deutschland bleibt, ist eine Klassenfahrt nicht so teuer.	**These 3: Die Schule sollte in den Ferien für Sportangebote geöffnet sein.**	Die Schülerinnen und Schüler lernen vor Ort sowieso am besten.
Die Klassenlehrerin hat mehr Zeit für die Schülerinnen und Schüler.		In einer längeren Pause haben die Schülerinnen und Schüler mehr Gelegenheit, sich privat auszutauschen, was gut für die Atmosphäre ist.

14 **Formuliere zwei passende Argumente zu den Thesen in deinem Übungsheft.**

1. These: Jeder Schüler aus dem fünften Schuljahr sollte einen Paten aus dem siebten Schuljahr haben.

2. These: Pro Woche sollten nicht mehr als zwei Arbeiten geschrieben werden.

3. These: Die älteren Schülerinnen und Schüler sollten für die Schülerinnen und Schüler der Unterstufe eine Hausaufgabenbetreuung anbieten.

15 **Der Schluss der Erörterung zum Thema „Welche Vorteile bieten die öffentlichen Verkehrsmittel?“ ist durcheinandergeraten: Finde zu jedem Satzanfang (links) eine sinnvolle Fortsetzung (rechts) und verbinde sie.**

Zusammenfassend lässt sich sagen,	und das kann jede Menge Ärger vermeiden.
So kann der Schüler oder Arbeitnehmer sicher sein,	dass man aus den angeführten Gründen die öffentlichen Verkehrsmittel, sooft es geht, nutzen sollte.
Außerdem trägt man als Fahrgast keine Verantwortung im Verkehrsgeschehen,	indem man sich unterhalten oder ein Buch lesen kann.
Öffentliche Verkehrsmittel sorgen zudem für Entspannung,	dass in Zukunft immer mehr Menschen auf die öffentlichen Verkehrsmittel umsteigen werden.
Nicht vergessen werden darf auch der Aspekt der Umweltfreundlichkeit:	dass das Benutzen der öffentlichen Verkehrsmittel viele Vorteile bietet.
Ich persönlich bin der Meinung,	morgens pünktlich und ohne Staus, Parkplatzprobleme oder Reifenpannen in der Schule oder am Arbeitsplatz zu erscheinen.
Und wenn man nicht gerade einen Freund besuchen möchte,	Mit öffentlichen Verkehrsmitteln werden viele Personen energiesparend befördert.
Da das Mofa- und Autofahren aufgrund der steigenden Benzinpreise immer teurer wird, bin ich der Überzeugung,	der sehr weit außerhalb wohnt und mit öffentlichen Verkehrsmitteln kaum oder nur sehr umständlich zu erreichen ist, sollte man sich für den Bus, die Straßenbahn oder den Zug entscheiden.

Eine dialektische Erörterung verfassen

Bei der dialektischen (kontroversen) Erörterung werden zwei Positionen gegeneinander abgewogen. Sie ist folgendermaßen aufgebaut:

- Die **Einleitung** enthält die Ausgangsfrage.
- Im **Hauptteil** werden Pro und Kontra (Für und Wider) aufgeführt. Hierzu nennst du im ersten Teil die Pro-Argumente und im zweiten Teil die Kontra-Argumente. Auch hier setzen sich alle Argumente aus These (Behauptung), Begründung und Beispiel zusammen.
- Im **Schlussteil** beziehst du Stellung und begründest deine Meinung.

16 **Entscheide, welche Themen linear und welche dialektisch erörtert werden sollen.**

1. Wieso interessieren sich viele Jugendliche nicht für Politik?
2. Sollten Eltern auf die Freizeitgestaltung ihrer Kinder Einfluss nehmen – ja oder nein?
3. Sollte man Werbung im Fernsehen verbieten? Erörtere das Für und Wider.
4. Sollte die Wehrpflicht / der Zivildienst auch für Mädchen eingeführt werden?
5. Weshalb sollte man seine Berufswahl sehr sorgfältig angehen?
6. Erörtere die Frage, ob jeder Schüler einen Nebenjob ausüben sollte.
7. Warum sind viele Jugendliche heutzutage gepierct oder tätowiert?
8. Ist eine Wahlberechtigung schon mit 16 Jahren sinnvoll?
9. Was können wir gegen die zunehmende Fremdenfeindlichkeit tun?
10. Sollte jeder Schüler einen Internetzugang besitzen? Erörtere das Für und Wider.

linear: ____________________

dialektisch: ____________________

17 **Formuliere in deinem Übungsheft je zwei Aufgabenstellungen zu den folgenden Themen, die zum einen eine lineare und zum anderen eine dialektische Form der Bearbeitung verlangen.**

Ganztagsschule – Taschengeld

18 Suche eines der Themen von Übung 17 aus und entscheide dich für die lineare oder dialektische Form der Erörterung. Finde vier Argumente, die du ausführlich in These (Behauptung), Begründung und Beispiel darlegst. Schreibe in dein Übungsheft.

19 Thema: „Nahezu jeder Jugendliche besitzt ein Handy. Erörtere die Vor- und Nachteile.“ Dazu findest du unten vier Pro- und vier Kontra-Argumente in Stichworten. Kreuze jeweils das zutreffende Kästchen an.

	Pro	Kontra
a) Kontrolle der Eltern über Aufenthalt ihrer Kinder	☐	☐
b) Kostenfalle	☐	☐
c) Notfälle	☐	☐
d) Zeit sparend	☐	☐
e) Mediensucht	☐	☐
f) Verfall der Rechtschreibung	☐	☐
g) kostengünstiges Wählen bestimmter Rufnummern	☐	☐
h) jugendgefährdende Inhalte	☐	☐

20 Formuliere die Argumente aus Übung 19 aus. Schreibe sie, getrennt nach Pro und Kontra sowie geordnet vom weniger wichtigen zum wichtigsten Argument, in dein Übungsheft.

21 Schreibe zu deinem wichtigsten Pro- und Kontra-Argument aus Übung 20 je eine These (Behauptung), eine Begründung und ein Beispiel in die Tabelle.

Wichtigstes Pro-Argument:

These	Begründung	Beispiel

Wichtigstes Kontra-Argument:

9. KLASSE

22 **Welchen Einleitungssatz zum Thema „Nahezu jeder Jugendliche besitzt ein Handy. Erörtere die Vor- und Nachteile." findest du besonders passend? Kreuze an und begründe.**

☐ Gestern erzählte mir meine Freundin, dass sie sich ein neues Handy gekauft hat.

☐ Vor Kurzem veröffentlichte das Landesamt für Datenverarbeitung und Statistik in Nordrhein-Westfalen eine Statistik, aus der hervorgeht, dass neun von zehn Jugendlichen im Alter von 14 bis 17 Jahren ein Handy besitzen.

☐ Ich frage mich schon lange, wieso nahezu alle Jugendlichen so wild auf ein Handy sind.

☐ Letzte Woche nahm unser Klassenlehrer einem Mitschüler das Handy weg, weil es während der Stunde geklingelt hatte.

Begründung:

____

____

____

____

23 **Schreibe einen Schluss zur Erörterung „Nahezu jeder Jugendliche besitzt ein Handy. Erörtere die Vor- und Nachteile."**

____

____

____

____

____

____

____

Eine textgebundene Erörterung verfassen

Bei der **textgebundenen Erörterung** setzt man sich argumentativ mit dem Inhalt eines Textes auseinander. Dies ist sowohl linear als auch dialektisch möglich.

- In der **Einleitung** beschreibst du die Textvorlage (Titel, Verfasser, Textart) und benennst das Problem. Dann gibst du die Position des Autors wieder.
- Im **Hauptteil** beschreibst du die Argumentation des Verfassers und setzt dich kritisch damit auseinander.
- Zum **Schluss** bewertest du die Argumentation und gibst eine eigene Stellungnahme zu dem Problem ab.

24 **Lies den Text mit dem Thema „Was macht das Fernsehen aus unseren Kindern?" aufmerksam durch und markiere wichtige Stellen.**

Was macht das Fernsehen aus unseren Kindern?

40 Prozent der Kinder besitzen einen eigenen Fernseher. Fernsehen ist für Kinder und Jugendliche häufig die wichtigste Freizeitbeschäftigung. Selbst die Sonne, die zum Spielen in der Natur auffordert, kann die auf den Bildschirm gebannten Blicke der Kinder nicht auf sich lenken. Die Vielseher unter ihnen sitzen täglich mehrere Stunden davor. Sie verbringen mehr Zeit vor dem Fernseher als in der Schule. Doch wo bleiben da die Freunde? Die sitzen daneben.

Erzieherinnen beschreiben Kinder, die besonders lange vor dem Fernseher sitzen, als aggressiv, fantasiearm und träge. Die Gründe liegen auf der Hand: Ein Buch zu lesen fördert die Fantasie, sich neue Spiele auszudenken ebenso. Das Fernsehen dagegen lähmt die Vorstellungskraft: So viele tolle Bilder wie das Fernsehen anbietet, kann man sich selbst gar nicht ausdenken – muss man ja auch nicht.

Mit der Trägheit einher geht auch das steigende Übergewicht der Kinder. Sämtliche Institutionen schlagen schon Alarm. Natürlich – seine Freizeit sitzend auf dem Sofa zu verbringen ist nun nicht gerade sportlich und verbrennt kaum Kalorien. Noch dazu, wenn die Fernsehknabbereien aus dem Vorratsschrank geholt werden: Chips, Schokolade, Kuchen, Gummibärchen – wobei Letztere noch die kalorienärmsten sind. Doch wie wäre es mit Apfel, Banane oder Orange? Schon einmal ein Kind gesehen, das Trauben knabbernd vor dem Fernseher saß? Mit Mineralwasser in der Hand? So etwas gibt es noch nicht einmal in der Werbung.

Doch viel beunruhigender ist die Zunahme der Aggressivität und

Gewaltbereitschaft unter Kindern, die viel fernsehen. Fernsehen stumpft ab. Wer täglich 20 Liter Blut spritzen sieht, kann sich in keinen Gleichaltrigen, der aus einer eingeschlagenen Nase blutet, mehr einfühlen. Dazu kommt: Gewalt ist cool. Sind nicht häufig die gewaltbereiten Männer die tollen im Fernsehen?

Wer sich schon einmal nachmittags eine der vielen Talkshows angesehen hat – zehn Minuten reichen – wundert sich über den Ton, den Jugendliche untereinander, gegenüber Erwachsenen und Lehrern anschlagen, nicht mehr. „Blöde Kuh" gehört hier zum Begrüßungsvokabular.

Aber was tun? Alle Fernseher bei der nächsten Schrottsammlung auf den Gehweg stellen?

Nein, das wäre der falsche Weg. Kontrolliertes Fernsehen ist die Lösung. Die Fernseher aus dem Kinderzimmer verbannen. Eine Fernsehzeit ausmachen und Filme, die sich die Kinder ansehen wollen, gemeinsam auswählen. Und zu guter Letzt: Interessante Alternativprogramme anbieten. Sport, raus in die Natur, Brettspiele mit der Familie und mit Freunden. Dann kann man auch abends mal die Glotze anschalten – für einen Tierfilm, versteht sich.

(Karla Kommentar)

25 **Beantworte die folgenden Fragen zum Text aus Übung 24 im Übungsheft.**

a) Was ist das Thema?
b) Welche Position vertritt die Autorin?
c) Um welche Textart handelt es sich?
d) Handelt es sich um eine lineare oder dialektische Erörterung?

26 **Mit welchen Argumenten wird die These des Textes „Was macht das Fernsehen aus unseren Kindern?" belegt? Schreibe sie in dein Übungsheft.**

27 Wie ist deine Meinung zum Thema „Was macht das Fernsehen aus unseren Kindern?"? Schreibe sie auf und begründe sie.

____

____

____

____

28 Schreibe eine vollständige textgebundene Erörterung in dein Übungsheft. Erörtere auf der Grundlage des Textes „Was macht das Fernsehen aus unseren Kindern?", ob zu viel fernsehen für Kinder schädlich ist.

29 Wer argumentiert, muss seine Argumente auch sprachlich ansprechend formulieren können. Ordne daher die folgenden Konjunktionen in die Tabelle ein, je nachdem, ob du damit einen Beweis bzw. ein Beispiel oder aber eine Erklärung bzw. eine Schlussfolgerung einleiten kannst. Aufgepasst: Zwei dieser Konjunktionen können in beiden Spalten der Tabelle stehen!

also – sodass – weil – deswegen – daher – beispielsweise – wie – damit – denn – demnach – falls – somit

Konjunktionen, mithilfe derer ein Beweis oder ein Beispiel ausgedrückt wird	Konjunktionen, mithilfe derer eine Folgerung ausgedrückt wird
______	______
______	______
______	______
______	______
______	______
______	______

7

Texte analysieren und interpretieren

7.1 Besonderheiten lyrischer Texte

Gedichte nach Themen unterscheiden

Gedichte lassen sich anhand ihrer Themen unterteilen:

- **Liebeslyrik:** Beschreibung von Gefühlen in einer bestehenden oder bereits beendeten Liebesbeziehung
- **Naturlyrik:** Beschreibung von Naturerscheinungen
- **Großstadtlyrik:** Erfahrungen von Menschen, die in einer Großstadt leben oder arbeiten
- **Erlebnislyrik:** Verarbeitung von persönlichen Erlebnissen des Dichters
- **Politische Lyrik:** Stellungnahme zur Politik

1 **Ordne die Gedichte anhand des Titels zu, indem du mit Linien verbindest.**

1. „Reiterlied" (Friedrich Schiller)	**Liebeslyrik**	2. „Sachliche Romanze" (Erich Kästner)
3. „landessprache" (Hans Magnus Enzensberger)	**Naturlyrik**	4. „Die Stadt" (Theodor Storm)
5. „Magie der Farben" (Hermann Hesse)	**Großstadt-lyrik**	6. „Reiselied" (Hugo von Hofmannsthal)
7. „Ich liebe dich" (Christian Morgenstern)	**Erlebnislyrik**	8. „Willkommen und Abschied" (Johann Wolfgang von Goethe)
9. „Hiroshima" (Marie Luise Kaschnitz)	**Politische Lyrik**	10. „Herbsttag" (Friedrich Hebbel)

Merkmale von Gedichten

Lyrik umfasst alle Arten von Gedichten. Sie unterscheidet sich von der Prosa durch ihre **gebundene Form** (Vers, Metrik, Strophenaufbau). Die folgenden Grundbegriffe sollten dir geläufig sein:

- Ein **Vers** umfasst eine Zeile eines Gedichts.
- Das **Metrum** oder **Versmaß** bezeichnet die regelmäßige Abfolge von Hebungen (betonten Silben) und Senkungen (unbetonten Silben) in einem Vers.
- Die kleinste metrische Einheit wird als **Versfuß** bezeichnet.
- Eine **Strophe** ist ein Gedichtabschnitt, der aus mehreren Versen besteht. Die einzelnen Strophen bilden jeweils eine Sinneinheit.
- Der **Reim,** d. h. der (annähernde) Gleichklang von Silben, folgt regelmäßig an bestimmten Stellen, meist am Versende, als wiederkehrendes Klangmuster. Wird der ganze Vers wiederholt, spricht man von Kehrreim oder Refrain.

Die formalen Besonderheiten werden genutzt, um subjektive Gefühle und Stimmungen auszudrücken.

2 **Setze die fehlenden Reimwörter aus dem Wortspeicher an der richtigen Stelle der Ballade ein.**

dir – Nebelstreif – geschwind – gehn – Wind – Strand –
nicht – tot – Gestalt – grau – Kind – Ort – verspricht – Arm

Johann Wolfgang von Goethe: Erlkönig

Wer reitet so spät durch Nacht und Wind?

Es ist der Vater mit seinem __________;

Er hat den Knaben wohl in dem __________,

Er fasst ihn sicher, er hält ihn warm.

Mein Sohn, was birgst du so bang dein Gesicht? –

Siehst, Vater, du den Erlkönig __________?

Den Erlenkönig mit Kron und Schweif? –

Mein Sohn, es ist ein ____________________.

„Du liebes Kind, komm, geh mit mir!
Gar schöne Spiele spiel ich mit __________,
Manch bunte Blumen sind an dem __________,
Meine Mutter hat manch gülden Gewand."

Mein Vater, mein Vater, und hörest du nicht,
Was Erlenkönig mir leise ______________________? –
Sei ruhig, bleibe ruhig, mein Kind;
In dürren Blättern säuselt der ______________________.

„Willst, feiner Knabe, du mit mir __________?
Meine Töchter sollen dich warten schön;
Meine Töchter führen den nächtlichen Reihn,
Und wiegen und tanzen und singen dich ein."

Mein Vater, mein Vater, und siehst du nicht dort
Erlkönigs Töchter am düstern __________? –
Mein Sohn, mein Sohn, ich seh es genau;
Es scheinen die alten Weiden so __________.

„Ich liebe dich, mich reizt deine schöne __________:
Und bist du nicht willig, so brauch ich Gewalt." –
Mein Vater, mein Vater, jetzt fasst er mich an!
Erlkönig hat mir ein Leids getan! –

Dem Vater grauset's, er reitet ______________________,
Er hält in den Armen das ächzende Kind,
Erreichet den Hof mit Mühe und Not;
In seinen Armen das Kind war __________.

Das Reimschema erkennen

Die Abfolge der sich reimenden Wörter bestimmt das Reimschema.

Paarreim:	Gemächlich in der Werkstatt saß	**a**
	Zum Frühstück Meister Nikolas,	**a**
	Die junge Hausfrau schenkt' ihm ein,	**b**
	Es war im heitern Sonnenschein.	**b**
	(Adelbert von Chamisso)	
Kreuzreim:	Seltsam, im Nebel zu wandern!	**a**
	Einsam ist jeder Busch und Stein,	**b**
	Kein Baum sieht den andern,	**a**
	Jeder ist allein.	**b**
	(Hermann Hesse)	
umarmender Reim:	Du siehst, wohin du siehst, nur Eitelkeit auf Erden.	**a**
	Was dieser heute baut, reißt jener morgen ein;	**b**
	Wo jetzund Städte stehn, wird eine Wiese seyn,	**b**
	Auf der ein Schäfers Kind wird spielen mit den Herden.	**a**
	(Andreas Gryphius)	
Schweifreim:	Ja, ich weiß, woher ich stamme,	**a**
	Ungesättigt gleich der Flamme	**a**
	Glühe und verzehr' ich mich.	**b**
	Licht wird alles, was ich fasse,	**c**
	Kohle alles, was ich lasse,	**c**
	Flamme bin ich sicherlich.	**b**
	(Friedrich Nietzsche)	

3 **Lies die erste Strophe der Ballade „Der Handschuh" von Friedrich von Schiller. Unterstreiche die zusammengehörigen Reime jeweils farbig. Wie nennt sich das Reimschema?**

Vor seinem Löwengarten,
Das Kampfspiel zu erwarten,
Saß König Franz,
Und um ihn die Großen der Krone,
Und rings auf hohem Balkone
Die Damen in schönem Kranz.

Reimschema: ____________________

4 **Bestimme jeweils das Reimschema der folgenden Gedichtzeilen. Aufgepasst: In einem Gedicht fällt eine Zeile aus dem Reimschema heraus – welche?**

Es ist schon spät, es wird schon kalt, __ a) ____________
Was reist du einsam durch den Wald? __
Der Wald ist lang, du bist allein, __
du schöne Braut! Ich führ dich heim! __
(Joseph von Eichendorff: „Waldgespräch")

Schläft ein Lied in allen Dingen, __ b) ____________
Die da träumen fort und fort, __
Und die Welt hebt an zu singen, __
triffst du nur das Zauberwort. __
(Joseph von Eichendorff: „Wünschelrute")

Frühling lässt sein blaues Band __ c) ____________
Wieder flattern durch die Lüfte: __
Süße, wohlbekannte Düfte __
Streifen ahnungsvoll das Land. __
Veilchen träumen schon, __
Wollen bald kommen. __
Horch, von fern ein leiser Harfenton! __
Frühling, ja du bist's! __
Dich hab ich vernommen! __
(Eduard Mörike: „Er ist's")

Immer enger, leise, leise, __ d) ____________
Ziehen sich die Lebenskreise, __
Schwindet hin, was prahlt und prunkt, __
Schwindet Hoffen, Hassen, Lieben, __
Und ist nichts in Sicht geblieben __
Als der letzte dunkle Punkt. __
(Theodor Fontane: „Ausgang")

Die Mitternacht zog näher schon; __ e) ____________
In stummer Ruh lag Babylon, __
Nur oben in des Königs Schloss, __
Da flackerts, da lärmt des Königs Tross. __
(Heinrich Heine: „Belsatzar")

Versfüße bestimmen

Folgende Versfüße sind im Deutschen von Bedeutung:

- **Trochäus:** x́x (schnárchen)
  Zweisilbiger Versfuß; einer betonten Silbe folgt eine unbetonte Silbe.
- **Jambus:** xx́ (entférnt)
  Zweisilbiger Versfuß; einer unbetonten Silbe folgt eine betonte Silbe.
- **Daktylus:** x́xx (Kö́nigin)
  Dreisilbiger Versfuß; einer betonten Silbe folgen zwei unbetonte Silben.
- **Anapäst:** xxx́ (Paradíes)
  Dreisilbiger Versfuß; zwei unbetonten Silben folgt eine betonte Silbe.

5 **Kennzeichne bei den folgenden Gedichtzeilen jeweils die Hebungen (x́) und Senkungen (x) und bestimme das Metrum.**

a) ______________________ → ______________

Es schlug mein Herz geschwind zu Pferde

(Johann Wolfgang von Goethe: „Willkommen und Abschied")

b) ______________________ → ______________

Schenke groß oder klein, aber immer gediegen

(Joachim Ringelnatz: „Schenken")

c) ______________________ → ______________

Himmlisches Leben im blauen Gewande

(Novalis: „Das Gedicht")

d) ______________________________

Hat der alte Hexenmeister sich doch einmal wegbegeben!

(Johann Wolfgang von Goethe: „Der Zauberlehrling")

→ ______________

e) ______________

Sah ein Knab ein Röslein stehn,

______________ → ______________

Röslein auf der Heiden

(Johann Wolfgang von Goethe: „Heideröslein")

Gedichtformen

Sonett: Lyrikform aus 14 Zeilen, die sich auf zwei Quartette (Vierzeiler) und zwei Terzette (Dreizeiler) verteilen.
Elegie: Bezeichnung für ein Trauer- oder Klagegedicht.
Ode: Eine meist von Musik begleitete Dichtung als Ausdruck des Erhabenen und Weihevollen.
Epigramm: Literarische knappe Aussage in Versen, oft lustigen oder ironischen Inhalts.
Figurengedicht: Gedicht, das durch die Gestaltung des Versmaßes im Druckbild einen Gegenstand oder Umriss darstellt.
Kirchenlied: Lied in Strophenform, in Volkssprache verfasst, das den Glauben zum Inhalt hat.

6 **Lies die Gedichtanfänge und schreibe darunter, um welche Gedichtform es sich handelt.**

a) Die Ros ist ohn warumb,
Sie blühet, weil sie blühet,
Sie achtt nicht ihrer selbst,
Fragt nicht, ob man sie
siehet.
(Angelus Silesius)

____

b) Auff mein Psalter und Harffen-Klang!
Auff mein Reygen und Lob-Gesang!
Auff ihr Vögelein in der Höh!
Auff ihr Fische der tieffen See! ...
(Matthäus Apelles von Löwenstern)

____

c) Nun ruhen alle Wälder
Vieh
Menschen
Städt und Felder
Es schläfft die gantze Welt:
Ihr aber meine Sinnen
Auf
auf ihr solt beginnen
Was eurem Schöpffer wol
gefällt.
(Paul Gerhardt)

____

____

d) Jetzund kömpt die Nacht herbey
Vieh und Menschen werden frey
Die gewüntschte Ruh geht an;
Meine Sorge kömpt heran.
(Martin Opitz)

____

7.2 Besonderheiten epischer Texte

Erzähler, Erzählperspektive und Erzählverhalten bestimmen

Die **Epik** stellt ein Geschehen oder einen Handlungsablauf dar. Jeder epische Text kann in Vers (Epos) oder Prosa (Roman, Kurzgeschichte usw.) gehalten sein. Epische Texte haben einen **Erzähler,** eine vom Autor erfundene Instanz, die zwischen der fiktionalen Welt und der Welt des Lesers vermittelt.

Man unterscheidet folgende **Erzählperspektiven:**

- Es handelt sich um einen **Er-Erzähler,** wenn die handelnde Figur und der Erzähler nicht identisch sind.
- Der **Ich-Erzähler** ist eine Figur, die Teil der Handlung ist. Er hat das Erzählte unmittelbar erlebt oder aus erster Hand davon erfahren.

Das **Erzählverhalten** kann dabei unterschiedliche Formen annehmen:

- **auktorial** (der Erzähler ist allwissend und kennt die Gedanken der Handelnden),
- **personal** (der Erzähler schildert die Vorgänge oder Ereignisse aus der Sicht einer beteiligten Person) oder
- **neutral** (der Erzähler gibt die Ereignisse sachlich wieder).

7 **Um welche Art von Erzähler handelt es sich bei diesen Textstellen?**

a) In M..., einer bedeutenden Stadt im oberen Italien, ließ die verwitwete Marquise von O..., eine Dame von vortrefflichem Ruf, und Mutter von mehreren wohlerzogenen Kindern, durch die Zeitungen bekannt machen: dass sie, ohne ihr Wissen, in andre Umstände gekommen sei, dass der Vater zu dem Kinde, das sie gebären würde, sich melden solle; und dass sie, aus Familienrücksichten, entschlossen wäre, ihn zu heiraten. *(Heinrich von Kleist: „Die Marquise von O...")*

Es handelt sich um einen ______________________________

b) Es liegt mir daran, gleich in den ersten Zeilen dieser Niederschrift zu beweisen oder darzutun, dass ich noch zu den Gebildeten mich zählen darf. Nämlich ich habe es in Südafrika zu einem Vermögen gebracht, ... *(Wilhelm Raabe: „Der Stopfkuchen")*

Es handelt sich um einen ______________________________

Die Figurenrede bestimmen

- Die **direkte (wörtliche) Rede** ist einer Person zugeordnet und durch An- und Abführungszeichen gekennzeichnet.
- Die **indirekte Rede** teilt Gedanken oder Äußerungen einer Figur mit. Hierbei werden Verben der Redewiedergabe, z. B. er sagte, er meinte, er dachte usw., benutzt. Die indirekte Rede steht im Konjunktiv I.
- Der **innere Monolog** wird verwendet, um dem Leser die Gedanken einer Figur in Form eines stummen Selbstgesprächs mitzuteilen. Ein innerer Monolog steht immer in der 1. Person Präsens.

8 **In Friedrich Schillers Drama „Wilhelm Tell" (2. Aufzug, 2. Szene) finden sich die folgenden Worte von Werner Stauffacher, einem der Landsleute aus Schwyz. Forme sie um wie unten angegeben.**

Stauffacher: „Fürwahr, das Glück war Eurer Kühnheit hold. Doch jetzo sagt mir, wer die Freunde sind und die gerechten Männer, die Euch folgten? Macht mich bekannt mit ihnen, dass wir uns zutraulich nahen und die Herzen öffnen."

a) Ein Bote hat Stauffachers Worte gehört und teilt sie wenig später einem unbeteiligten Dritten mit. Schreibe um in die indirekte Rede.

____

____

____

____

b) Im Vorfeld hat sich Stauffacher genau überlegt, was er sagen möchte. Formuliere die oben stehenden Zeilen in der Form eines inneren Monologs.

____

____

____

____

Eine literarische Figur charakterisieren

Eine **Charakterisierung** ist die intensive Auseinandersetzung mit einer Figur, um das Verhalten der jeweiligen Figur besser zu verstehen und nachvollziehbar werden zu lassen und gleichzeitig zu einem besseren Gesamtverständnis des Textes zu gelangen. Bei der Charakterisierung einer literarischen Figur geht es darum, möglichst viele Einzelheiten zum Charakter, dem äußeren Erscheinungsbild sowie zu den besonderen Eigenschaften und Verhaltensweisen herauszuarbeiten.

Zu den **äußeren Merkmalen** gehören: Lebensdaten, Aussehen, Gesamteindruck, einzelne Körperteile und besondere Kennzeichen.

Zu den **inneren Merkmalen** gehören: Charaktereigenschaften, Verhaltensweisen, persönliche Eigenarten; Verhalten gegenüber anderen Figuren; Entwicklung einer Figur im Verlauf der Handlung.

9 **Lies den Report über die Sängerin und Schauspielerin Kathy und sortiere die Informationen nach äußeren und inneren Wesensmerkmalen.**

Kathy: Fröhliches Girl aus dem Norden

Ihr natürlicher Look: Kathy betont gern den Western-Style. Obwohl sie in Los Angeles geboren wurde, bezeichnet sie sich stolz als Norwegerin – ihre Mutter kommt aus dem hohen Norden, der Vater ist Amerikaner. Von der Mutter hat sie ihre Vorliebe für Fisch. Ihre Lieblingsspeise sind Heringe mit Kartoffeln.

Ihr wundervolles Gesicht: Ihre Augen sind ein hellblauer Traum, ihre langen Haare brachten ihr den Spitznamen „blondes Gift“ ein.

Ehrgeiz: Mit 18 schmiss sie für ihren Traum, ein Star zu werden, die Schule. Anfangs völlig pleite, jobbte sie sich durch schlecht bezahlte Arbeiten am Fließband und in der Küche. Es war eine harte Zeit, doch Kathy hielt durch. Sie wusste immer, was sie wollte und konnte.

Perfektionistin: Was sie macht, macht sie richtig! Ob als Sängerin oder Schauspielerin – Kathy ist vielseitig begabt.

Äußere Merkmale: ______________________________

____

Innere Merkmale: ______________________________

____

10 **Ordne die Beschreibungen und Charaktereigenschaften aus dem Wortspeicher jeweils einer der folgenden Figuren zu. Unterscheide äußere und innere Merkmale.**

gelangweilter Blick – Anzug und Krawatte – attraktives Aussehen – „Blaumann" – gepflegt gekleidet – Brille – hektisch und gestresst – mürrischer Gesichtsausdruck – jugendliche Gesichtszüge – Jeans und Turnschuhe – jungenhaftes Gesicht – lackierte Fingernägel – wortkarg und verschlossen – das Gesicht mit Pickeln übersät – Sicherheitsschuhe – schwarze Ränder unter den Fingernägeln – betont lässig wirkend – selbstbewusst

Figur	**äußere Merkmale**	**innere Merkmale**
Sekretärin		
Geschäfts-mann		
Teenager, männlich		
Haus-meister		

Aufbau einer Charakterisierung

In der **Einleitung** nennst du den Titel, den Autor, die Textart und die zu charakterisierende Figur sowie ihre Bedeutung innerhalb des Textes.
Im **Hauptteil** wird die Figur genauer untersucht. Hier gehst du von den äußeren Merkmalen (Erscheinungsbild, Alter, Herkunft, Beruf, Familie, soziale Stellung, Sprechweise, Haltung) zu den inneren Merkmalen der Person (Wesensmerkmale, Ideale, Ziele, Verhalten und Beziehung zu anderen Figuren usw.). Untersuche auch Wortwahl und Sprachniveau, durch die sich die Figur auszeichnet bzw. von den anderen Figuren abgrenzt.
Zum **Schluss** fasst du deine persönlichen Eindrücke von der Figur zusammen.

11 **Lies den folgenden Anfang der Erzählung „Immensee" von Theodor Storm genau durch. Unterstreiche alle Textstellen, die den „Alten" charakterisieren.**

Theodor Storm: Immensee

An einem Spätherbstnachmittage ging ein alter, wohlgekleideter Mann langsam die Straße hinab. Er schien von einem Spaziergange nach Hause zurückzukehren; denn seine Schnallenschuhe, die einer vorübergegangenen Mode angehörten, waren bestäubt. Den langen Rohrstock mit goldenem Knopf trug er unter dem Arm; mit seinen dunklen Augen, in welche sich die ganze verlorene Jugend gerettet zu haben schien und welche eigentümlich von den schneeweißen Haaren abstachen, sah er ruhig umher oder in die Stadt hinab, welche im Abendsonnendufte vor ihm lag. – Er schien fast ein Fremder; denn von den Vorübergehenden grüßten ihn nur wenige, obgleich mancher unwillkürlich in diese ernsten Augen zu sehen gezwungen wurde. Endlich stand er vor einem hohen Giebelhause still, sah noch einmal in die Stadt hinaus und trat dann in die Hausdiele. Bei dem Schall der Türglocke wurde drinnen in der Stube von einem Guckfenster, welches nach der Diele hinausging, der grüne Vorhang weggeschoben und das Gesicht einer alten Frau dahinter sichtbar. Der Mann winkte ihr mit seinem Rohrstock. „Noch kein Licht!", sagte er in einem etwas südlichen Akzent; und die Haushälterin ließ den Vorhang wieder fallen. Der Alte ging nun über die weite Hausdiele, dann durch einen Pesel *(= „gute Stube" in Bauernhäusern),* wo große Eichschränke mit Porzellanvasen an den Wänden standen; durch die gegenüberstehende Tür trat er in einen kleinen Flur, von wo aus eine enge Treppe zu den oberen Zimmern des Hinterhauses führte. Er stieg sie langsam hinauf, schloss oben eine Tür auf und trat dann in ein mäßig großes Zimmer. Hier war es heimlich und still; die eine Wand war fast mit Repositorien und Bücherschränken bedeckt; an der andern hingen Bilder von Menschen und Gegenden; vor einem Tische mit grüner Decke, auf dem einzelne aufgeschlagene Bücher umherlagen, stand ein schwerfälliger Lehnstuhl mit rotem Sammetkissen. – Nachdem der Alte Hut und Stock in die Ecke gestellt hatte, setzte er sich in den Lehnstuhl und schien mit gefalteten Händen von seinem Spaziergange auszuruhen. – Wie er so saß, wurde es allmählich dunkler; endlich fiel ein Mondstrahl durch die Fensterscheiben auf die Gemälde an der Wand, und wie der helle Streif langsam weiterrückte, folgten die Augen des Mannes unwillkürlich. Nun trat er über ein kleines Bild in schlichtem, schwarzem Rahmen. „Elisabeth!", sagte der Alte leise; und wie er das Wort gesprochen, war die Zeit verwandelt – er war in seiner Jugend.

12 **Trage deine unterstrichenen Informationen richtig ein.**

Äußere Merkmale:

____

____

____

____

Innere Merkmale:

____

____

____

____

13 **Charakterisiere nun den „Alten" und schreibe den Text in dein Übungsheft. Ähnlich wie in der Erzählung kannst du im Hauptteil zuerst die äußeren Merkmale herausarbeiten und deinen Blick dann auf die inneren Wesensmerkmale der Figur lenken.**

Die Zeit untersuchen

Die **Erzählzeit** umfasst die Zeit, die ein Erzähler benötigt, um seine Geschichte zu erzählen, bzw. die Zeit, die der Leser braucht, um sie zu lesen.
Die **erzählte Zeit** ist der Zeitumfang der erzählten Handlung.
Ist die Erzählzeit länger als die erzählte Zeit, spricht man von **Zeitdehnung;** dies ist der Fall bei Reflexionen, Beschreibungen usw. Ist die Erzählzeit kürzer als die erzählte Zeit, spricht man von **Zeitraffung;** Ereignisse werden übersprungen. Sind Erzählzeit und erzählte Zeit annähernd gleich, spricht man von **Zeitdeckung;** z. B. bei direkter Rede, innerem Monolog oder Dialogen.

Der Erzähler gestaltet die zeitliche Abfolge der Ereignisse: Wird die Handlung **chronologisch** erzählt? Nimmt der Erzähler Ereignisse vorweg **(Vorausdeutung)** oder gibt es **Rückblenden?**

14 **Markiere in dem Text Zeitdehnungen rot und Zeitraffungen blau, unterstreiche Vorausdeutungen und Rückblenden.**

Unterrichtsstunde

„He, du sollst nach vorne kommen und Österreich zeigen!“, reißt mich die flüsternde Tina aus meinen Gedanken. Ich werde rosarot. Verflixt! Hatte ich schon wieder nicht aufgepasst. Das passiert mir in den letzten Tagen ständig: Meine Gedanken schweifen ab, ob ich will oder nicht. Von Wien zu Stefan – das geht so schnell und ich kann es nicht verhindern. In der Pause hat mir Stefan sogar zugelächelt. Schon geht ein Raunen durch die Klasse. Schnell stehe ich auf und gehe zu der großen Europakarte, die neben der Tafel hängt. Ich weiß, dass mein Gesicht leicht rot ist, und blicke deshalb beim Gehen auf den Boden. Wenn mich nur Stefan nicht ansieht! Wie peinlich. Ob ich Österreich finden werde? Vor der Karte mache ich Halt und betrachte sie suchend. Ha! Genau vor mir liegt Österreich. Wer sagts denn ... Nun kann ich punkten. Erleichtert zeige ich mit dem ausgestreckten Finger auf die Karte. „Da!“, sage ich triumphierend und sehe meine Erdkundelehrerin an. Diese schaut ungläubig. „Was?“, fragt sie mich. „Österreich!“, sage ich mit fester Stimme. Die Klasse lacht. Meine Lehrerin schüttelt den Kopf. „Wieso stehst du während meiner Stunde auf, um mir Österreich zu zeigen?“, fragt sie, bevor auch sie anfängt zu schmunzeln.

Die Handlung untersuchen

Die **äußere Handlung** umfasst das sicht- und hörbare Geschehen; die **innere Handlung** umfasst Gedanken, Empfindungen und Stimmungen.

Außerdem ist zu untersuchen, ob der Text einen **offenen Anfang** bzw. einen **offenen Schluss** hat: Beginnt der Text mitten im Geschehen? Ist das Ende unklar?

15 **Markiere im folgenden Textauszug die äußere Handlung blau und die innere Handlung rot.**

Daniel Defoe: Robinson Crusoe

Unterdessen erhob sich ein wahrhaft fürchterlicher Sturm, und jetzt sah ich zum ersten Mal Angst und Bestürzung auch in den Mienen unserer Seeleute. Ich hörte den Kapitän, der mit aller Aufmerksamkeit und Wachsamkeit auf die Erhaltung des Schiffes bedacht war, mehrmals, während er neben mir zu seiner Kajüte hinein- und herausging, leise vor sich hinsagen: „Gott sei uns gnädig! Wir sind alle verloren!" [...] Um unsere Not voll zu machen, rief mitten in der Nacht ein Matrose, der den Auftrag hatte, den Schiffsraum zu untersuchen, das Schiff sei leck und habe schon vier Fuß Wasser geschöpft. Sogleich wurde jedermann an die Pumpen gerufen. Bei diesem Ruf glaubte ich, mein Herz erstarre in der Brust. Ich fiel rücklings neben mein Bett; die Bootsleute aber rüttelten mich auf und sagten: Wenn ich auch zu sonst nichts nütze sei, zum Pumpen tauge ich doch so gut wie jeder andere.

Wir arbeiteten wacker fort, aber das Wasser stieg im Schiffsraum immer höher, und das Schiff begann augenscheinlich zu sinken.

Der Kapitän ließ deshalb fortwährend Notschüsse abfeuern. Endlich wagte ein leichtes Schiff, das gerade vor uns vor Anker lag, ein Hilfsboot auszusenden. [...]

Noch keine Viertelstunde hatten wir unser Schiff verlassen, als wir es schon untergehen sahen. Jetzt begriff ich, was es heißt, wenn ein Schiff in See leck wird. Ich gestehe, dass ich kaum den Mut hatte, hinzusehen.

Kalendergeschichte

Kalendergeschichten entstanden mit der Entwicklung des gedruckten Kalenders. Sie sind kurz, meist heiter und volkstümlich und manchmal belehrend.

16 **Lies den Text und erkläre die auf der nächsten Seite stehenden Wörter.**

Johann Peter Hebel: Das wohlfeile Mittagessen

Es ist ein altes Sprichwort: Wer andern eine Grube gräbt, fällt selber darein. – Aber der Löwenwirt in einem gewissen Städtlein war schon vorher darin.

Zu diesem kam ein wohlgekleideter Gast. Kurz und trotzig verlangte er für sein Geld eine gute Fleischsuppe. Hierauf forderte er auch ein Stück Rindfleisch und ein Gemüs für sein Geld. Der Wirt fragte ganz höflich, ob ihm nicht auch ein Glas Wein beliebe? „O freilich ja!", erwiderte der Gast, „wenn ich etwas Gutes haben kann für mein Geld." Nachdem er sich alles hatte wohl schmecken lassen, zog er einen abgeschliffenen Sechser aus der Tasche und sagte: „Hier, Herr Wirt, ist mein Geld." Der Wirt sagte: „Was soll das heißen? Seid Ihr mir nicht einen Taler schuldig?" Der Gast erwiderte: „Ich habe für keinen Taler Speise von Euch verlangt, sondern für mein Geld. Hier ist mein Geld. Mehr hab' ich nicht. Habt Ihr mir zu viel dafür gegeben, so ists Eure Schuld." [...] „Ihr seid ein durchtriebener Schalk", erwiderte der Wirt, „und hättet wohl etwas anderes verdient. Aber ich schenke Euch das Mittagessen und hier noch ein Vierundzwanzigkreuzerstück dazu. Nur seid stille zur Sache und geht zu meinem Nachbarn, dem Bärenwirt, und macht es ihm ebenso!" Das sagte er, weil er mit seinem Nachbarn, dem Bärenwirt, in Unfrieden lebte und einer dem andern jeglichen Tort und Schimpf gerne antat [...].

Aber der schlaue Gast griff lächelnd mit der einen Hand nach dem angebotenen Geld, mit der andern vorsichtig nach der Türe, wünschte dem Wirt einen guten Abend, und sagte: „Bei Eurem Nachbarn, dem Herrn Bärenwirt, bin ich schon gewesen, und eben der hat mich zu Euch geschickt und kein anderer."

So waren im Grunde beide hintergangen, und der Dritte hatte den Nutzen davon. Aber der listige Kunde hätte sich noch obendrein einen schönen Dank von beiden verdient, wenn sie eine gute Lehre daraus gezogen und sich miteinander ausgesöhnt hätten. Denn Frieden ernährt, aber Unfrieden verzehrt.

a) wohlfeil: ______________________

b) ein abgeschliffener Sechser: ______________________

c) ein durchtriebener Schalk: ______________________

d) Tort und Schimpf: ______________________

e) Frieden ernährt, aber Unfrieden verzehrt: ______________________

____

17 **Beantworte folgende Fragen zum Text.**

a) Wie viel Geld hatte der Gast bei sich? ______________________

b) Warum ist es wichtig, dass der Gast immer „für mein Geld“ sagt?

____

____

c) Warum ist es wichtig, dass er nicht sagt, wie viel Geld er hat?

____

____

d) In welchen Absätzen wird der belehrende Charakter der Geschichte deutlich? ______________________

18 **Untersuche den Aufbau der Geschichte. Was gehört zur Einleitung, was zum Hauptteil, was zum Schluss?**

Absatz 1 (Zeile 1–3): ______________________

Absatz 2 (Zeile 4–14): ______________________

Absatz 3 (Zeile 14–20): ______________________

Absatz 4 (Zeile 21–25): ______________________

Absatz 5 (Zeile 26–30): ______________________

Novelle

Die **Novelle** (ital.: kleine Neuigkeit) ist eine Erzählung in Prosaform von kürzerem bis mittlerem Umfang. Sie enthält ein neues bzw. **außergewöhnliches Ereignis,** in dessen Zentrum meist ein Konflikt steht. Der Handlungsablauf ist geradlinig. Typisch für die Novelle ist, dass es nur einen Handlungsstrang gibt, der ein einziges Problem beinhaltet.

Der **Aufbau** der Novelle:

- knappe Exposition (Vorstellung der Ausgangssituation)
- straffes Hinführen zum Höhe- und Wendepunkt
- Abfall des Höhepunktes, Ausklang

19 **Lies die folgende Novelle. Markiere dann in verschiedenen Farben: Exposition, Hinführung zum Höhe- und Wendepunkt, Höhe- und Wendepunkt, Abfall des Höhepunktes und Ausklang.**

Heinrich von Kleist: Das Bettelweib von Locarno

Am Fuße der Alpen bei Locarno im oberen Italien befand sich ein altes, einem Marchese *(= Markgraf)* gehöriges Schloss, das man jetzt, wenn man vom St. Gotthard kommt, in Schutt und Trümmern liegen sieht: ein Schloss mit hohen und weitläufigen Zimmern, in deren einem einst auf Stroh, das man ihr unterschüttete, eine alte kranke Frau, die sich bettelnd vor der Tür eingefunden hatte, von der Hausfrau aus Mitleiden gebettet worden war. Der Marchese, der bei der Rückkehr von der Jagd zufällig in das Zimmer trat, wo er seine Büchse abzusetzen pflegte, befahl der Frau unwillig, aus dem Winkel, in welchem sie lag, aufzustehen und sich hinter den Ofen zu verfügen. Die Frau, da sie sich erhob, glitschte mit der Krücke auf dem glatten Boden aus und beschädigte sich auf eine gefährliche Weise das Kreuz; dergestalt, dass sie zwar noch mit unsäglicher Mühe aufstand und quer, wie es ihr vorgeschrieben war, über das Zimmer ging, hinter dem Ofen aber unter Stöhnen und Ächzen niedersank und verschied.

Mehrere Jahre nachher, da der Marchese durch Krieg und Misswachs in bedenkliche Vermögensumstände geraten war, fand sich ein florentinischer Ritter bei ihm ein, der das Schloss seiner schönen Lage wegen von ihm kaufen wollte. Der Marchese, dem viel an dem Handel gelegen war, gab seiner Frau auf, den Fremden in dem oben erwähnten leer stehenden Zimmer, das sehr schön und prächtig eingerichtet war, unterzubringen. Aber wie betreten war das Ehepaar, als der Ritter mitten in der Nacht verstört und bleich zu ihnen herunterkam, hoch und teuer versichernd, dass es in dem Zimmer spuke, indem etwas, das dem Blick unsichtbar gewesen, mit einem Geräusch, als ob es auf Stroh gelegen, im Zimmerwinkel aufgestanden, mit vernehmlichen Schritten langsam und gebrechlich quer über das Zimmer gegangen und hinter dem Ofen unter Stöhnen und Ächzen niedergesunken sei.

Der Marchese, erschrocken, er wusste selbst nicht recht warum, lachte den Ritter mit erkünstelter Heiterkeit aus und sagte, er wolle sogleich aufstehen und die Nacht zu seiner Beruhigung mit ihm in dem Zimmer zubringen. Doch der Ritter bat um die Gefälligkeit, ihm zu erlauben, dass er auf einem Lehnstuhl in seinem Schlafzimmer übernachte, und als der Morgen kam, ließ er anspannen, empfahl sich und reiste ab. Dieser Vorfall, der außerordentliches Aufsehen machte, schreckte auf eine dem Marchese höchst unangenehme Weise mehrere Käufer ab; dergestalt, dass, da sich unter seinem eignen Hausgesinde, befremdend und unbegreiflich, das Gerücht erhob, dass es in dem Zimmer zur Mitternachtsstunde umgehe, er, um es mit einem entscheidenden Verfahren niederzuschlagen, beschloss, die Sache in der nächsten Nacht selbst zu untersuchen. Demnach ließ er beim Einbruch der Dämmerung sein Bett in dem besagten Zimmer aufschlagen und erharrte, ohne zu schlafen, die Mitternacht. Aber wie erschüttert war er, als er in der Tat mit dem Schlage der Geisterstunde das unbegreifliche Geräusch wahrnahm; es war, als ob ein Mensch sich von Stroh, das unter ihm knisterte, erhob, quer über das Zimmer ging und hinter dem Ofen unter Geseufz und Geröchel niedersank. Die Marquise *(= Markgräfin),* am andern Morgen, da er herunterkam, fragte ihn, wie die Untersuchung abgelaufen; und da er sich mit scheuen und ungewissen Blicken umsah und, nachdem er die Tür verriegelt, versicherte, dass es mit dem Spuk seine Richtigkeit habe: so erschrak sie, wie sie in ihrem Leben nicht getan, und bat ihn, bevor er die Sache verlauten ließe, sie noch einmal in ihrer Gesellschaft einer kaltblütigen Prüfung zu unterwerfen. Sie hörten aber samt einem treuen Bedienten, den sie mitgenommen hatten, in der Tat in der nächsten Nacht dasselbe unbegreifliche, gespensterartige Geräusch; und nur der dringende Wunsch, das Schloss, es koste was es wolle, loszuwerden, vermochte sie, das Entsetzen, das sie ergriff, in Gegenwart ihres Dieners zu unterdrücken und dem Vorfall irgendeine gleichgültige und zufällige Ursache, die sich entdecken lassen müsse, unterzuschieben. Am Abend des dritten Tages, da beide, um der Sache auf den Grund zu kommen, mit Herzklopfen wieder die Treppe zu dem Fremdenzimmer bestiegen, fand sich zufällig der Haushund, den man von der Kette losgelassen hatte, vor der Tür desselben ein; dergestalt dass beide, ohne sich bestimmt zu erklären, vielleicht in der unwillkürlichen Absicht, außer sich selbst noch etwas Drittes, Lebendiges, bei sich zu haben, den Hund mit sich in das Zimmer nahmen. Das Ehepaar, zwei Lichter auf dem Tisch, die Marquise unausgezogen, der Marchese Degen und Pistolen, die er aus dem Schrank genommen, neben sich, setzen sich gegen eilf *(= elf)* Uhr jeder auf sein Bett; und während sie sich mit Gesprächen, so gut sie vermögen, zu unterhalten suchen, legt sich der Hund, Kopf und Beine zusammengekauert, in der Mitte des Zimmers nieder und schläft ein. Drauf, in dem Augenblick der Mitternacht, lässt sich das entsetzliche Geräusch wieder hören; jemand, den kein Mensch mit Augen sehen kann, hebt sich auf Krücken im Zimmerwinkel empor; man hört das Stroh, das unter ihm rauscht; und mit dem ersten Schritt: tapp! tapp! erwacht der Hund, hebt sich plötzlich, die Ohren spitzend, vom Boden empor, und knurrend und bellend, grad als ob ein Mensch auf ihn eingeschritten käme, rückwärts gegen den Ofen weicht er aus. Bei diesem Anblick stürzt die Marquise mit sträubenden Haaren aus dem Zimmer; und während der Marquis, der den Degen ergriffen: „Wer da?“ ruft, und, da ihm niemand antwortet, gleich einem Rasenden nach allen Richtungen die Luft durchhaut, lässt sie anspannen, entschlossen, augenblicklich nach der Stadt abzufahren. Aber ehe sie noch einige Sachen zusammengepackt und aus dem Tore herausgerasselt, sieht sie schon das Schloss ringsum in Flammen aufgehen. Der Marchese, von Entsetzen überreizt, hatte eine Kerze genommen und dasselbe, überall mit Holz getäfelt wie es war, an allen vier Ecken, müde seines Lebens, angesteckt. Vergebens schickte sie Leute hinein, den Unglücklichen zu retten; er war auf die elendiglichste Weise bereits umgekommen; und noch jetzt liegen, von den Landleuten zusammengetragen, seine weißen Gebeine in dem Winkel des Zimmers, von welchem er das Bettelweib von Locarno hatte aufstehen heißen.

20 **Hier kannst du weitere, für die Novelle typische Merkmale bestimmen. Beantworte die Fragen im Übungsheft.**

a) Worin besteht im „Bettelweib von Locarno“ die „unerhörte Begebenheit“?

b) Auf welches Ziel führt der geradlinige Handlungsablauf hin?

Kurzgeschichte

Der **Inhalt** einer Kurzgeschichte ist auf das Wesentliche eines Geschehens beschränkt: Es handelt sich dabei häufig um Momentaufnahmen, z. B. ein besonderes Ereignis. Die Handlung umfasst einen klar umrissenen und kurzen Zeitraum.

Weitere **Kennzeichen** einer Kurzgeschichte sind:

- Kürze und Ausschnitthaftigkeit.
- Meist sachliche, knappe und nüchterne sprachliche Gestaltung; häufig wird auch Alltags- bzw. Umgangssprache verwendet.
- Die Handlung verläuft meist linear.
- Der Anfang der Geschichte ist oft situativ und unvermittelt, d. h., es gibt keine Einführung in die Situation.
- Das Ende ist häufig offen, der Leser bleibt oft verunsichert zurück.
- Meist sind es wenige Personen, um die sich das Geschehen dreht.
- Die Figuren sind einfache Menschen; es handelt sich eher um Typen als um Personen mit individuellen Zügen; ihre Lebensumstände sind für den Leser nachvollziehbar; sie durchlaufen keine Entwicklung.

21 **Lies die ersten Zeilen von drei fiktiven Texten. Welcher dieser Einstiege eignet sich für eine Kurzgeschichte, welcher nicht? Begründe deine Meinung.**

a) Ein Mann. Ein Bahnsteig. Ein Koffer. Ein greller Pfiff.

___

___

b) Autoabgase stellen eine immense Belastung für die Umwelt dar. Die in ihnen enthaltenen Schadstoffe, darunter Kohlenstoffverbindungen, Stickoxide und anderes mehr, haben einen negativen Einfluss auf die Gesundheit der Wälder.

___

___

c) Meine Pause dauert genau 30 Minuten – lange genug, um anständig zu flirten, kurz genug, um daraus nichts Ernstes werden zu lassen.

___

___

7.3 Besonderheiten dramatischer Texte

Kennzeichen dramatischer Texte

Dramen werden für Aufführungen im Theater geschrieben und wenden sich so direkt an den Zuschauer. Typisch für das Drama ist:

- Die Handlung erzeugt **Spannung.**
- Im Mittelpunkt des Geschehens steht ein **Konflikt.**
- Die Personen treten als **Spieler und Gegenspieler** auf.
- Die Handlung wird im **Dialog und Monolog** dargestellt.

Das Drama kann in verschiedene Formen unterteilt werden:

- **Tragödie:** Die Tragödie gestaltet einen schicksalhaften, unvermeidbaren Konflikt, der zum Untergang des tragischen Helden führt.
- **Komödie:** Hier wird ein meist nur scheinbarer Konflikt gestaltet. Die Lösung des Konflikts bewirkt Lachen und Schmunzeln.

Das **klassische Drama** gliedert sich in fünf Akte:

- **Exposition / Einführung:** Vorstellung der Personen und Situation;
- **steigende Handlung / Komplikation:** Zuspitzung des Konflikts;
- **Höhepunkt / Wendepunkt** (Peripetie);
- **fallende Handlung:** Verzögerung, um in einer Phase der höchsten Spannung auf die bevorstehende Katastrophe hinzuarbeiten;
- **Katastrophe:** Lösung, Tod.

22 **Epik, Lyrik oder Drama? Ordne die folgenden Beispiele zu.**

a) Hat der alte Hexenmeister sich doch einmal fortbegeben,

und nun sollen seine Geister auch nach meinem Willen leben ...

→ ____________________

b) An den Ufern der Havel lebte, um die Mitte des sechzehnten Jahrhunderts, ein Rosshändler, ... → ____________________

c) Tell: Wer ist der Mann, der hier um Hilfe fleht ... → ____________________

d) Im März dieses Jahres hatte ich vor der Andreas-Dahinden-Gesellschaft in Chur über die Kunst, Kriminalromane zu schreiben, einen Vortrag zu halten. → ____________________

23 **Hier siehst du die Inhalte der fünf Akte von Schillers Drama „Die Räuber" – sie sind jedoch durcheinandergeraten. Ordne die Inhalte den jeweiligen Akten zu.**

__ Franz lässt seinem Vater durch einen Boten die Nachricht überbringen, Karl hätte aus Verzweiflung über die Verstoßung den Schlachtentod gefunden. Daraufhin fällt der Graf in eine so tiefe Ohnmacht, dass man ihn für tot hält.

__ Verkleidet isst Karl mit Amalia und seinem Bruder zu Abend. Als Amalia von ihm spricht, merkt er, wie sehr sie ihn immer noch liebt. Franz erkennt seinen Bruder und weist den Hausdiener an, ihn zu vergiften. Der Diener verrät Karl diese Pläne und Karl flieht. Er geht zu den Räubern zurück, wo er erfährt, der Vater würde noch leben und in einem Kerker dahinschmachten. Karl eilt zum Schloss und befreit den Vater.

__ Auf dem Schloss von Moor lebt der Graf Maximilian mit seinem jüngsten Sohn Franz und seiner Nichte Amalia. Der ältere Sohn Karl (auch der Geliebte Amalias) studiert in Leipzig, wo er vor einem Schuldenberg steht. Franz informiert seinen Vater durch einen gefälschten Brief von den Missetaten Karls. Maximilian gibt Franz die Erlaubnis, einen strafenden Brief zu schreiben. Währenddessen schickt Karl einen Brief an seinen Vater, in dem er um Verzeihung bittet. Dieser jedoch wird von Franz unterschlagen. Karl wartet sehnsüchtig auf einen verzeihenden Brief des Vaters. Stattdessen erreicht ihn der väterliche Fluchbrief. Zornig geht er auf einen Plan seines Kumpanen Spiegelberg ein, eine Räuberbande zu bilden, um sich an der Gesellschaft zu rächen. Karl wird Hauptmann der Bande und schwört Treue bis zum Tod.

__ Franz träumt vom Jüngsten Gericht. Er erdrosselt sich selbst. Die Räuber bringen Amalia zu Karl. Sie hofft, endlich mit ihm zusammenzukommen, doch Karl ist durch seinen Treueschwur an die Räuber gebunden. Aus Verzweiflung darüber bringt er Amalia um. Auch der Vater stirbt vor Entsetzen, als er erfährt, dass Karl der berüchtigte Räuberhauptmann ist. Karl stellt sich dem Gericht und will die Belohnung, die auf seinen Kopf ausgesetzt ist, einem Armen zukommen lassen.

__ Zur selben Zeit hilft Karl den Unterdrückten und bestraft die Herrscher. Er geht mit seiner Bande nach Franken. Der Bote gesteht Amalia seine Taten.

24 **Hier siehst du einen Auszug aus dem Programm einer Aufführung von Shakespeares „Romeo und Julia“. Du kannst auf den ersten Blick erkennen, welche Parteien als Spieler und Gegenspieler auftreten. Schreibe sie auf und begründe deine Antwort.**

Personen

Ansager, als Prolog
Escalus, Fürst von Verona
Graf Paris, sein Verwandter
dessen Page

zwei verfeindete Häuser

Graf Montague Gräfin Montague		Graf Capulet Gräfin Capulet
deren Sohn	Romeo & Julia	deren Tochter
Mercutio, Verwandter des Fürsten und Freund Romeos		Tybalt, Vetter Julias
Benvolio, Vetter Romeos Balthasar, Romeos Diener Abraham, Bedienter Montagues		Ohm Capulet Julias Amme Peter, deren Diener

Lorenzo, Markus, zwei Franziskaner
Apotheker, drei Musikanten

Spieler: ______________________________

Gegenspieler: ______________________________

Begründung: ______________________________

____

____

Das epische Theater

Das **epische Theater** ist eine von Bertolt Brecht in den Zwanzigerjahren des 20. Jahrhunderts entwickelte Form, die dem Zuschauer eine kritische Einstellung zur Welt vermitteln soll. Um diese Wirkung zu erzielen, erfand er den sogenannten **Verfremdungseffekt** (V-Effekt). Dieser soll eine kritische Distanz des Zuschauers zum Geschehen auf der Bühne schaffen, denn im Gegensatz zum klassischen Drama ist **keine Identifikation** des Zuschauers mit dem Helden gewünscht.
Brecht erreicht diesen V-Effekt durch kritische Kommentare, z. B. durch einen Erzähler, musikalische Einlagen und die häufig umgangssprachliche bzw. dialektale Ausdrucksweise der Figuren. Beispiele hierfür finden sich etwa in seinen Stücken „Die Dreigroschenoper", „Die heilige Johanna der Schlachthöfe", „Mutter Courage und ihre Kinder", „Der gute Mensch von Sezuan" usw.

25 **Klassisches Drama oder episches Theater? Welcher Dramenform lassen sich die folgenden Textstellen zuordnen? Begründe deine Antwort.**

a) Die Geliebte: „Hör auf zu reden! Deine Lügen will ich nicht mehr hören!"

____

b) Der Erzähler: „Habt Ihr gehört? Der Junge überlegt, nicht mehr nach Hause zu gehen!"

____

c) Der Bote: „Mein König, die feindlichen Truppen rücken stündlich näher."

____

d) Beobachter: „Wer hat recht? Wer kann wissen, warum geschah, was geschehen ist?"

____

e) Das Mädchen: „Vater, wenn es dein Wille ist, dass ich den Prinzen heirate, dann wird es so geschehen."

____

f) Die Frau: „Ich sage, dass ich's tat und lüge nicht!"

____

26 **Ordne die Begriffe bzw. die Fragen, die du entweder an das klassische Drama oder an das epische Theater stellen musst, richtig zu. Versuche, einem Begriff jeweils die richtige Entsprechung gegenüberzustellen.**

Was passiert am Ende? – retardierendes Moment – Distanz zum Helden – offenes Ende – chronologische Abfolge der Handlung – Umgangssprache – Gesellschaftskritik – gesetzmäßiger Aufbau des Dramas (Fünf-Akt-Schema) – Identifikation mit dem Helden – Wie kommt es zu den Ereignissen? – gereimte Verse – Exposition – Figur des Erzählers

Klassisches Drama	Episches Theater

27 **In der Literaturkritik wird allgemein behauptet, dass Brechts Figuren nicht klüger seien als die Menschen im wirklichen Leben. Was hältst du von dieser Aussage? Beziehe in deine Überlegungen vor allem die Konsequenzen bzw. die Wirkung auf den Zuschauer ein.**

7.4 Sprachliche Bilder und stilistische Figuren

Sprachliche Bilder untersuchen

Sprachliche Besonderheiten sollen Eindrücke verstärken und bildhafte Vorstellungen auslösen. Satzbaufiguren findet man vor allem in Gedichten, aber auch in anderen Texten. Dabei unterscheidet man zwischen **sprachlichen Bildern** sowie **rhetorischen** und **stilistischen Figuren** (↑ S. 104).
Unter einem **sprachlichen Bild** versteht man bildhafte Ausdrücke, die das Gesagte veranschaulichen. Dazu zählen:

- **Allegorie:** die bildhaft belebte Veranschaulichung eines abstrakten Begriffs (z. B. Tod als Skelett mit Sense).
- **Euphemismus:** die verhüllende Umschreibung eines unangenehmen oder sonst zu vermeidenden Begriffs (z. B. untersetzt statt dick).
- **Vergleich:** stellt eine Beziehung her (z. B. schlau wie ein Fuchs).
- **Personifikation:** Vermenschlichung von Gegenständen, Tieren oder abstrakten Begriffen (z. B. sprechender Mond).
- **Metapher:** die Verwendung von Wörtern in übertragener Bedeutung, wobei zwei Vorstellungen aus verschiedenen Bereichen zu einem neuen sprachlichen Bild verknüpft werden, das neu, unerwartet und in seiner Wirkung intensiv ist (z. B. Gold ihrer Haare).
- **Symbol:** ein wahrnehmbares, anschauliches Zeichen oder Sinnbild, das etwas vergegenwärtigt, was im Augenblick oder auch überhaupt nicht anschaulich zu machen ist (z. B. Taube als Symbol für Frieden).

28 **Was bedeuten folgende Vergleiche und Metaphern aus dem Eichendorff-Gedicht auf der nächsten Seite? Kreuze an.**

a) Als hätt der Himmel die Erde still geküsst.
- ☐ Zwischen Himmel und Erde herrscht große Harmonie.
- ☐ Es hat pausenlos geregnet.
- ☐ Der Mond scheint so hell, dass die ganze Erde erhellt ist.

b) Und meine Seele spannte weit ihre Flügel aus.
- ☐ Das lyrische Ich breitet die Arme aus und versucht zu fliegen.
- ☐ Das lyrische Ich steht auf einem hohen Turm und träumt herunterzuspringen.
- ☐ Das lyrische Ich fühlt sich wohl, es ist frei und unbeschwert.

c) Flog durch die stillen Lande, als flöge sie nach Haus.
- ☐ Das lyrische Ich sitzt in einem Heißluftballon und fliegt durch die Nacht.
- ☐ Das lyrische Ich genießt die Stille und die Eindrücke der Mondnacht, es fühlt sich ganz wohl, so als ob es zu Hause wäre.
- ☐ Das lyrische Ich hat großes Heimweh, es will endlich nach Hause zurück.

29 **Um die Stimmung, die ein Gedicht vermittelt, zu erfassen, solltest du den Text gründlich lesen. Findest du Wörter und Begriffe, welche die gleiche oder eine ähnliche Bedeutung haben und die du zu einem Wortfeld zusammenfassen kannst? Schreibe aus dem folgenden Gedicht von Joseph von Eichendorff alle Wörter heraus, die zum Wortfeld Ruhe gehören.**

Joseph von Eichendorff: Mondnacht

Es war, als hätt der Himmel
Die Erde still geküsst,
Dass sie im Blütenschimmer
Von ihm nun träumen müsst.

Die Luft ging durch die Felder,
Die Ähren wogten sacht,
Es rauschten leis' die Wälder,
So sternklar war die Nacht.

Und meine Seele spannte
Weit ihre Flügel aus,
Flog durch die stillen Lande,
Als flöge sie nach Haus!

____

____

____

30 **„Übersetze" die farbig markierten Metaphern des folgenden Gedichts in deine eigene Sprache und schreibe sie rechts daneben.**

Johann Wolfgang von Goethe: Mailied

Wie herrlich leuchtet
Mir die Natur! Wie schön erscheint die Natur!
Wie glänzt die Sonne! ______
Wie lacht die Flur! ______

Es dringen Blüten ______
Aus jedem Zweig ______
Und tausend Stimmen ______
Aus dem Gesträuch ______

Und Freud und Wonne ______
Aus jeder Brust. ______
O Erd, o Sonne!
O Glück, o Lust!

O Lieb, o Liebe!
So golden schön, ______
Wie Morgenwolken
Auf jenen Höhn!

Du segnest herrlich ______
Das frische Feld, ______
Im Blütendampfe
Die volle Welt.

O Mädchen, Mädchen,
Wie lieb ich dich!
Wie blickt dein Auge!
Wie liebst du mich!

Stilistische Figuren benennen

Mithilfe **rhetorischer** und **stilistischer Figuren** werden Wörter auf eine bestimmte Art und Weise gewählt, um eine besondere Wirkung zu erzielen. Solche Stilmittel sind:

- **Alliteration:** Wiederkehr des gleichen Anlauts in aufeinanderfolgenden Wörtern (z. B. mit Mann und Maus).
- **Anapher:** Wiederholung desselben Wortes oder derselben Wortgruppe am Anfang von Sätzen oder aufeinanderfolgenden Versen.
- **Antithese:** Betonung der Gegensätzlichkeit zweier Tatbestände, die in Wortwahl oder Satzbau besonders aufeinander bezogen werden (z. B. Der Tod ist lang, und kurz ist unser Leben.).
- **Parallelismus:** Ein Parallelismus ist der inhaltlich und grammatisch gleichmäßige Bau von Satzgliedern oder Sätzen („Die Lerche schwingt sich in die Luft, / das Täublein fliegt aus seiner Kluft“, Paul Gerhardt: „Sommerlied“).
- **Rhetorische Frage:** Eine rhetorische Frage ist eine unechte Frage, also eine Scheinfrage (z. B. Sind wir nicht alle ein wenig verrückt?).
- **Ellipse:** Eine Ellipse ist ein unvollständiger grammatischer Satz, dessen Aussage aber aus sich selbst verständlich ist und zum Mitdenken anregen soll.

31 **Unterstreiche in den Sätzen die Satzbaufiguren und benenne sie.**

a) Die Taube kommt auf die Erde. Wird der Krieg nun aufhören?

____

b) Der Lügner ist arm, der Ehrliche ist reich.

____

c) Gucken, grinsen, gehen.

____

d) Oh ihr Götter, oh du Licht!

____

e) Die Nacht ist dunkel, der Tag ist hell.

____

f) Sie warteten und hofften. Alles umsonst.

____

7.5 Zitate und Quellenangaben

Texte zitieren und Quellen angeben

Unter einem **Zitat** versteht man die wörtliche Übernahme eines Satzes oder eines längeren Abschnitts. Indem du wiedergibst, was maßgebliche Personen gesagt oder geschrieben haben, kannst du eine Behauptung oder deine eigene Meinung belegen.

- Das Zitat wird in **Anführungszeichen** gesetzt.
- Es muss **originalgetreu** übernommen werden, auch bei orthografischen Besonderheiten und alter Rechtschreibung.
- **Auslassungen** werden durch eckige Klammern mit Auslassungspunkten [...] kenntlich gemacht.
- Willst du eigene **Anmerkungen** in das Zitat einbinden, so musst du diese durch eckige Klammern und mit dem Zusatz „d. Verf." kennzeichnen.

Textpassagen kannst du auch **paraphrasieren,** d. h. durch indirekte Rede oder sinngemäß wiedergeben. Hier entfallen die Anführungszeichen. Die Quelle wird mit „vgl." angegeben.

Zu jedem Zitat gehört die genaue **Quellenangabe,** die in runde Klammern gesetzt wird. Sie enthält den Autor, den Titel des Werks und die Seitenangabe: (Mark Twain: „Bummel durch Europa." S. 478). Stammt die Quelle aus dem **Internet,** nennst du die vollständige URL: http://www.duden.de

Hast du mehrere Quellen benutzt, legst du ein alphabetisch geordnetes und mit folgenden Angaben versehenes **Literaturverzeichnis** an: Name und Vorname des Autors, Titel der Quelle, Erscheinungsort und -jahr.

32 **Setze vor und nach jedem Zitat die Anführungszeichen.**

Mark Twain hat erhebliche Schwierigkeiten beim Lernen der deutschen Sprache. So beklagt er zum Beispiel: Der Erfinder der Sprache scheint Spaß daran gehabt zu haben, sie auf jede mögliche Art zu komplizieren, die ihm eingefallen ist. Um ehrlich zu sein, verstehe ich nicht so richtig, was an unserer Sprache so kompliziert sein soll. Ich muss jedoch zugeben, dass es mir bei dem folgenden Beispiel, das Mark Twain gibt, klarer wurde: Manche deutsche Wörter sind so lang, dass man von ihnen eine Aussicht genießen kann. Man schaue sich folgende Beispiele an: Freundschaftsbezeigungen. Dilettantenaufdringlichkeiten. Stadtverordnetenversammlungen. Diese Dinge sind keine Wörter, es sind alphabetische Prozessionen.

33 **Setze in die Klammern innerhalb des Zitats passende Anmerkungen.**

„Wir [________________________________] stiegen in einem Hotel in der Nähe des Bahnhofs ab. Am nächsten Morgen [...] wurde unsere Aufmerksamkeit auf etwas gelenkt, das sich gegenüber vor einem anderen Hotel ereignete. Zuerst erschien die Person, die man den Portier [...] nennt, in der Tür, gekleidet in eine blitzblanke neue blaue Stoffuniform, die mit glänzenden Messingknöpfen und mit Bändern aus goldener Spitze an der Mütze und den Manschetten [________________________ __________] verziert war; außerdem trug er weiße Handschuhe. Er warf einen dienstlichen Blick auf die Lage und begann dann, Befehle zu erteilen. Zwei Mägde [____] kamen mit Eimern und Besen und Bürsten und unterzogen den Gehweg einem gründlichen Schrubben.“ *(Mark Twain: „Bummel durch Europa“)*

34 **Stelle den Auszug aus dem Buch „Bummel durch Europa“ von Mark Twain in deinem Übungsheft als indirektes Zitat in der indirekten Rede dar.**

Seite 510: „Ein durchschnittlicher Satz in einer deutschen Zeitung ist eine erhabene und beeindruckende Kuriosität; er nimmt ein Viertel einer Spalte ein; er beinhaltet alle zehn Redeteile – nicht in der regulären Reihenfolge, sondern gemischt; er ist hauptsächlich aus Komposita aufgebaut, die sich der Autor aus dem Stegreif ausgedacht hat und die man in keinem Wörterbuch finden kann – sechs oder sieben Wörter zu einem einzigen zusammengepresst, ohne Gelenk oder Naht – d. h. ohne Bindestriche; [...].“

35 **Stelle den Auszug aus dem Buch „Bummel durch Europa“ von Mark Twain als sinngemäßes Zitat dar. Schreibe in dein Übungsheft.**

S. 513/514: „So fragt mein Lehrbuch beispielsweise nach einem bestimmten Vogel [...]: ‚Wo ist der Vogel?‘ Nun, die Antwort auf diese Frage ist – laut Buch –, dass der Vogel wegen des Regens in der Schmiede wartet. Natürlich würde dies kein Vogel tun, aber man muss sich eben ans Buch halten. Nun gut, ich fange also an, das nötige Deutsch für die Antwort zusammenzukratzen. Ich beginne notwendigerweise am falschen Ende, denn so macht man das im Deutschen. Ich sage mir, ‚Regen' ist Maskulinum – oder vielleicht Femininum – oder möglicherweise Neutrum – es ist zu aufwendig, das jetzt nachzuschlagen. Deshalb heißt es entweder *der* Regen oder *die* Regen oder *das* Regen, je nachdem, welches Geschlecht sich als das Richtige herausstellt, wenn ich nachschaue. Im Interesse der Wissenschaft werde ich einmal von der Hypothese ausgehen, ‚Regen‘ sei Maskulinum. Schön – dann heißt also ‚the rain‘ *der* Regen, sofern er sich einfach im ruhenden Zustand des Erwähntwerdens, ohne Erweiterung oder Diskussion, befindet – im Nominativ. Aber falls dieser Regen in ganz allgemeiner Art beispielsweise auf dem Boden herumliegt, dann ist er definitiv einem Ort zuzuordnen, dann tut er etwas – nämlich sich ausruhen (was in der deutschen Grammatik eine Vorstellung davon ist, etwas zu tun), und das wirft den Regen in den Dativ und macht ihn zu *dem* Regen.“

36 **Nimm vier Bücher aus deinem Bücherregal und erstelle damit ein Literaturverzeichnis.**

7.6 Einfache Interpretation

Eine einfache Interpretation verfassen

In der **Textbeschreibung** sollen wesentliche **Merkmale** eines Textes dargestellt werden. Das setzt voraus, dass du den Text untersuchst und die Merkmale benennen kannst.

In der anschließenden **Textuntersuchung** gehst du auf alle Gesichtspunkte ein, die den Text kennzeichnen:

- die handelnden **Personen,**
- die **Entstehungszeit** und den **Ort** sowie die damit verbundenen historischen **Hintergründe** (z. B. Lebensumstände der Menschen usw.),
- die zentrale **Aussage** des Textes,
- auffallende **sprachliche Mittel,** die der Autor einsetzt (wiederkehrende Wörter oder Gedanken, Erzeugen von Spannung),
- **Sprachstil:** Ist dieser sachlich-objektiv, subjektiv, ironisch usw.?
- **Erzählperspektive:** Erzählt die Figur selbst (Ich-Perspektive) oder tritt ein Erzähler auf (Er-/Sie-Perspektive) (↑ S. 82)?
- **Erzählverhalten:** Wird auktorial erzählt, personal oder neutral (↑ S. 82)?
- **Erzähltechnik:** Wird die Handlung chronologisch erzählt oder gibt es Rückblenden (↑ S. 88)?
- Steht die **äußere Handlung** (sicht- und hörbares Geschehen) oder die **innere Handlung** (Gedanken, Empfindungen, Stimmungen) im Vordergrund?
- Hat der Text einen **offenen Anfang** bzw. einen **offenen Schluss:** Beginnt er mitten im Geschehen? Ist das Ende unklar?

Den **Schluss** bildet eine **Stellungnahme,** in der du deine Meinung äußerst.

37 **Lies den folgenden Auszug aus Theodor Storms Erzählung „Immensee" durch, kreuze dann die zutreffenden Aussagen auf der nächsten Seite an und zitiere zu jeder angekreuzten Aussage eine passende Stelle aus der Erzählung.**

Bald trat die anmutige Gestalt eines kleinen Mädchens zu ihm. Sie hieß Elisabeth und mochte fünf Jahre zählen; er selbst war doppelt so alt. Um den Hals trug sie ein rotseidenes Tüchelchen; das ließ ihr hübsch zu den braunen Augen.

„Reinhard", rief sie, „wir haben frei, frei! Den ganzen Tag keine Schule, und morgen auch nicht."

Reinhard stellte die Rechentafel, die er schon unterm Arm hatte, flink hinter die Haustür, und dann liefen beide Kinder durchs Haus in den Garten und durch die Gartenpforte hinaus auf die Wiese. Die unverhofften Ferien kamen ihnen herrlich zustatten. Reinhard hatte hier mit Elisabeths Hülfe ein Haus aus Rasenstücken aufgeführt; darin wollten sie die Sommerabende wohnen; aber es fehlte noch die Bank. Nun ging er gleich an die Arbeit; Nägel, Hammer und die nötigen Bretter lagen schon bereit. Währenddessen ging Elisabeth an dem Wall entlang und sammelte den ringförmigen Samen der wilden Malve in ihre Schürze; davon wollte sie sich Ketten und Halsbänder machen.

a) Der Autor beschreibt aus der Ich-Perspektive. ☐
Der Autor beschreibt aus der Er-/Sie-Perspektive. ☐

Zitat: ____________________

b) Das Erzählverhalten ist auktorial. ☐
Das Erzählverhalten ist personal. ☐
Das Erzählverhalten ist neutral. ☐

Zitat: ____________________

c) Es herrscht ein objektiver, sachlicher Sprachstil vor. ☐
Es herrscht ein subjektiver Sprachstil vor. ☐

Zitat: ____________________

38 **Lies den nächsten Auszug und markiere wichtige Textstellen. Gliedere den Text dann in Abschnitte und schreibe die Überschriften der Abschnitte an den Rand.**

Im Walde

So lebten die Kinder zusammen; sie war ihm oft zu still, er war ihr oft zu heftig, aber sie ließen deshalb nicht voneinander; fast alle Freistunden teilten sie, winters in den beschränkten Zimmern ihrer Mütter, sommers in Busch und Feld. – Als Elisabeth einmal in Reinhards Gegenwart von dem Schullehrer gescholten wurde, stieß er seine Tafel zornig auf den Tisch, um den Eifer des Mannes auf sich zu lenken. Es wurde nicht bemerkt. Aber Reinhard verlor alle Aufmerksamkeit an den geografischen Vorträgen; stattdessen verfasste er ein langes Gedicht; darin verglich er sich selbst mit einem jungen Adler, den Schulmeister mit einer grauen Krähe, Elisabeth war die weiße Taube; der Adler gelobte, an

der grauen Krähe Rache zu nehmen, sobald ihm die Flügel gewachsen sein würden. […] Bald darauf kam er in eine andere Schule; hier schloss er manche neue Kameradschaft mit Knaben seines Alters; aber sein Verkehr mit Elisabeth wurde dadurch nicht gestört. […]
Sieben Jahre waren vorüber. Reinhard sollte zu seiner weiteren Ausbildung die Stadt verlassen. Elisabeth konnte sich nicht in den Gedanken finden, dass es nun eine Zeit ganz ohne Reinhard geben werde. […]

Da stand das Kind am Wege

Weihnachtabend kam heran. – Es war noch nachmittags, als Reinhard mit andern Studenten im Ratskeller am alten Eichentisch zusammensaß. Die Lampen an den Wänden waren angezündet, denn hier unten dämmerte es schon; aber die Gäste waren sparsam versammelt, die Kellner lehnten müßig an den Mauerpfeilern. In einem Winkel des Gewölbes saßen ein Geigenspieler und ein Zithermädchen mit feinen zigeunerhaften Zügen; sie hatten ihre Instrumente auf dem Schoße liegen und schienen teilnahmslos vor sich hinzusehen.

Am Studententisch knallte ein Champagnerpfropfen. „Trinke, mein böhmisch Liebchen!“, rief ein junger Mann von junkerhaftem Äußern, indem er ein volles Glas zu dem Mädchen hinüberreichte.

„Ich mag nicht“, sagte sie, ohne ihre Stellung zu verändern.

„So singe!“, rief der Junker und warf ihr eine Silbermünze in den Schoß. Das Mädchen strich sich langsam mit den Fingern durch ihr schwarzes Haar, während der Geigenspieler ihr ins Ohr flüsterte; aber sie warf den Kopf zurück und stützte das Kinn auf ihre Zither. „Für den spiel ich nicht“, sagte sie.

Reinhard sprang mit dem Glase in der Hand auf und stellte sich vor sie. „Was willst du?“, fragte sie trotzig.

„Deine Augen sehn.“ „Was gehn dich meine Augen an?“

Reinhard sah funkelnd auf sie nieder. „Ich weiß wohl, sie sind falsch!“ – Sie legte ihre Wange in die flache Hand und sah ihn lauernd an. Reinhard hob sein Glas an den Mund. „Auf deine schönen, sündhaften Augen!“, sagte er und trank.

39 **Erkläre folgende Wörter aus dem Text.**

a) ein rotseidenes Tüchelchen: ____________________

b) Rechentafel: ____________________

c) unverhofft: ____________________

d) Hülfe: ____________________

e) Wall: ____________________

f) geografische Vorträge: ____________________

g) Junker: ____________________

h) Zither: ____________________

40 **Vervollständige die Einleitung der Textinterpretation zur Erzählung „Immensee". Denke dabei auch an den ersten Textabschnitt in Übung 11 auf S. 86 f.**

In der ____________________ von ____________________ geht es um einen alten Mann namens ____________________, der sich wehmütig an ____________________ erinnert.

Er musste wegen ____________________ wegziehen und entfremdet sich ihr dadurch. Bei seiner ____________________ findet er sie verändert, sein Schulfreund Erich scheint Interesse an ihr zu haben. ____________________ reist wieder ab und erfährt durch seine Mutter von der Heirat ____________________ mit Erich. Jahre später besucht er die beiden, doch dies ist für ihn so unerträglich, dass er sich für immer abwendet.

41 **Verfasse nun eine eigene Textuntersuchung zum Textabschnitt „Im Walde" (Übung 38). Schreibe in dein Übungsheft.**

7.7 Textinterpretation

Eine Textinterpretation verfassen

Die **Interpretation** beinhaltet die Wiedergabe des **Textinhalts** (Inhaltsangabe), die Beschreibung der **Darstellungsmittel** sowie des **Zusammenhangs** zwischen Inhalt und Darstellungsmitteln.
Bei der Interpretation **lyrischer Texte** geht es in erster Linie um die Beziehung zwischen Form und Inhalt. Bei **dramatischen Texten** legt man Wert auf die Darstellung der Personenkonstellation und die Charakterisierung einer handelnden Person. In **erzählenden Texten** werden Erzählperspektive, Erzählverhalten, Erzähltechnik, Figuren, Handlung und Zeit analysiert.

Der Interpretation liegt ein festes **Gliederungsschema** zugrunde. Dieses ist prinzipiell auf jeden Text anwendbar, muss aber dessen Besonderheiten berücksichtigen:

1 Einleitung (Inhaltsangabe)
1.1 Angaben zu Textart, Titel, Autor und Thema
1.2 Kurze Wiedergabe des Inhalts
2 Hauptteil
2.1 Darstellungsmittel
2.1.1 Äußere (optische) Form
2.1.2 Innere Form (Reim, Metrum)
2.1.3 Wer spricht im Text (Perspektive) und / oder wer wird angesprochen?
2.1.4 Sprachliche Bilder und stilistische Figuren
2.2 Zusammenhang zwischen Inhalt und Darstellungsmitteln
3 Schluss
3.1 Aussageabsicht des Verfassers
3.2 Stellungnahme zum Inhalt oder zu einzelnen Aussagen

Um Texte besser verstehen zu können, hilft es, Informationen über den **Autor** und die **Entstehungszeit** zu sammeln.

Wichtige Textstellen werden unverändert als **Zitate** (↑ S. 105) übernommen.

42 **Beschreibe Aufbau und Inhalt des Auszugs aus der Bildergeschichte „Die fromme Helene" von Wilhelm Busch auf der nächsten Seite. Gehe dabei auf die Anzahl der Zeilen in einer Strophe, das Reimschema und die Intention des Autors ein. Benutze dein Übungsheft.**

1. Kapitel

Wie der Wind in Trauerweiden
Tönt des frommen Sängers Lied,
Wenn er auf die Lasterfreuden
In den großen Städten sieht.

Ach, die sittenlose Presse!
Tut sie nicht in früher Stund
All die sündlichen Exzesse
Schon den Bürgersleuten kund?!
...

Zwar man zeuget viele Kinder,
Doch man denket nichts dabei.
Und die Kinder werden Sünder,
Wenn's den Eltern einerlei.

„Komm Helenchen!", sprach der brave
Vormund. – „Komm, mein liebes Kind!
Komm aufs Land, wo sanfte Schafe
Und die frommen Lämmer sind."

Nach vielen Streichen auf dem Land betrinkt sich Helene und verbrennt.

17. Kapitel

Hu! draußen welch ein schrecklich Grausen!
Blitz, Donner, Nacht und Sturmesbrausen! –
Schon wartet an des Hauses Schlote
Der Unterwelt geschwänzter Bote.
Zwar Lenens guter Genius
Bekämpft den Geist der Finsternus.
Doch dieser kehrt sich um und packt
Ihn mit der Gabel zwiegezackt.
O weh, o weh! der Gute fällt!
Es siegt der Geist der Unterwelt.
Er fasst die arme Seele schnelle
Und fährt mit ihr zum Schlund der Hölle.
Hinein mit ihr! – Huhu! Haha!
Der heil'ge Franz ist auch schon da.

43 **Eine Gedichtanalyse vorbereiten: Lies zunächst Georg Heyms Gedicht aus dem Jahre 1911 gründlich durch. Wenn darin Begriffe vorkommen, die dir unbekannt sind, schlage sie in einem Wörterbuch nach. Beantworte anschließend die unten stehenden Fragen.**

Georg Heym: Der Gott der Stadt

Auf einem Häuserblocke sitzt er breit.
Die Winde lagern schwarz um seine Stirn.
Er schaut voll Wut, wo fern in Einsamkeit
Die letzten Häuser in das Land verirrn.

Vom Abend glänzt der rote Bauch dem Baal,
Die großen Städte knien um ihn her.
Der Kirchenglocken ungeheure Zahl
Wogt auf zu ihm aus schwarzer Türme Meer.

Wie Korybanten-Tanz dröhnt die Musik
Der Millionen durch die Straße laut.
Der Schlote Rauch, die Wolken der Fabrik
Ziehn auf zu ihm, wie Duft von Weihrauch blaut.

Das Wetter schwält in seinen Augenbrauen.
Der dunkle Abend wird in Nacht betäubt.
Die Stürme flattern, die wie Geier schauen
Von seinem Haupthaar, das im Zorne sträubt.

Er streckt ins Dunkel seine Fleischerfaust.
Er schüttelt sie. Ein Meer von Feuer jagt
Durch eine Straße. Und der Glutqualm braust
Und frisst sie auf, bis spät der Morgen tagt.

a) Bestimme die äußere Form und das Reimschema des Gedichts.

____

b) Welche rhetorischen Mittel verwendet der Dichter?

____

____

____

c) Kannst du die Gedanken, die formuliert werden, nachvollziehen? Beschreibe sie.

____

____

____

____

d) Wie passt die Überschrift zum Gedicht?

____

____

e) Es wird eine Meinung über die Stadt formuliert – kannst du dich dieser Meinung anschließen? Begründe.

____

____

____

44 **Lies dir das Gedicht „Gefunden“ von Johann Wolfgang von Goethe gut durch.**

Johann Wolfgang von Goethe: Gefunden

Ich ging im Walde
So für mich hin,
Und nichts zu suchen,
Das war mein Sinn.

Im Schatten sah ich,
Ein Blümchen stehn,
Wie Sterne leuchtend,
Wie Äuglein schön.

Ich wollt es brechen,
Da sagt' es fein:
Soll ich zum Welken
Gebrochen sein?

Ich grubs mit allen
Den Würzlein aus,
Zum Garten trug ichs
Am hübschen Haus.

Und pflanzt es wieder
Am stillen Ort;
Nun zweigt es immer
Und blüht so fort.

45 **Worum geht es in dem Gedicht? Vervollständige den Cluster.**

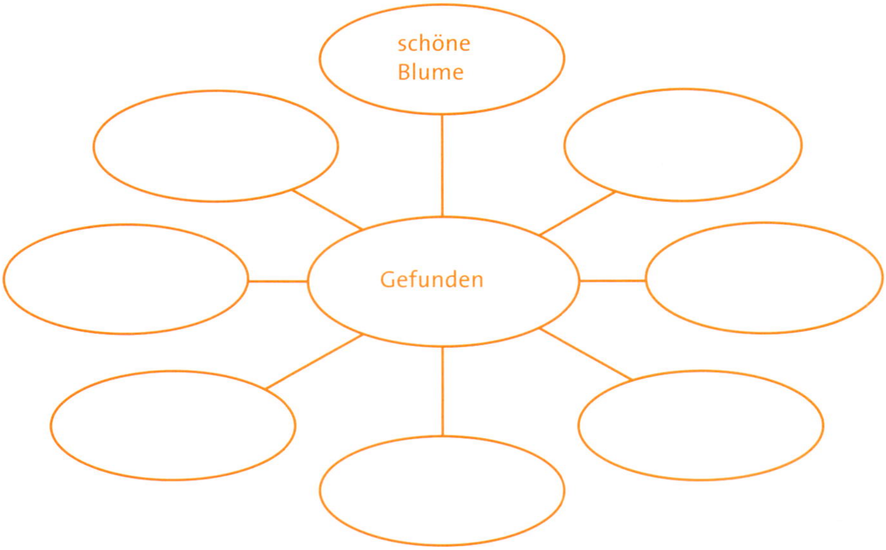

46 **Analysiere die Darstellungsmittel des Gedichts „Gefunden".**

a) Anzahl Strophen: ______________________

b) Metrum: ______________________

c) Perspektive: ______________________

d) Auffälligkeiten im Satzbau? ______________________

e) Besonderheit in äußerer Form? ______________________

____

f) Zeichensetzung: ______________________

____

g) Anzahl der Verse: ______________________

h) Reimschema: ______________________

47 **Welche sprachlichen Bilder werden in dem Gedicht „Gefunden" verwendet?**

____

48 **Ordne die Darstellungsmittel nach der Reihenfolge in der Gliederung (S. 112). Schreibe sie als zweiten Gliederungsabschnitt nummeriert in dein Übungsheft. Ergänze dabei die sprachlichen Bilder um je ein Beispiel.**

49 **Lies die folgende Hintergrundinformation. Kannst du nun erklären, was der Dichter in seinem Gedicht ausdrücken möchte? Schreibe in dein Übungsheft.**

Goethe lernte seine spätere Frau Christiane Vulpius im Jahre 1788 kennen. Fünfzehn Jahre danach schrieb er das Gedicht „Gefunden“.

Dass Goethe sich damals in Christiane verliebte, sorgte für bösen Klatsch und Tratsch in der Weimarer Hofgesellschaft. Christiane war nämlich ein Mädchen aus sehr einfachem Hause, eine Blumenbinderin, während Goethe dem Adelsstand angehörte. Doch auch für Christiane war es nicht einfach. Sie hatte Angst, dass Goethe ihre Beziehung nur als Spiel betrachten könnte und sie schnell wieder verlassen würde. Außereheliche Affären waren damals für die Frau sehr rufschädigend. Achtzehn Jahre lang lebten sie in Goethes Haus zusammen, ohne verheiratet zu sein. Sie hatten mehrere Kinder miteinander. Erst dann heirateten sie.

50 **Übertrage die Bedeutung des Gedichts nun auf die Situation zwischen Goethe und Christiane. Schreibe zu den farbig gedruckten Wörtern auf dieser und der nächsten Seite, was Goethe damit gemeint haben könnte. Die Fragen helfen dir dabei.**

Gefunden

a) Wen? ______________________________

Ich ging im Walde
So für mich hin,
Und nichts zu suchen,
Das war mein Sinn.

Im Schatten sah ich,
Ein Blümchen stehn,
Wie Sterne leuchtend,
Wie Äuglein schön.

b) Wer ist gemeint? ______________________

Ich wollt es brechen,
Da sagt' es fein:
Soll ich zum Welken
Gebrochen sein?

c) Wovor hat sie Angst? ______________________

d) Was würde passieren? ______________________

Ich grubs mit allen
Den Würzlein aus,
Zum Garten trug ichs
Am hübschen Haus.

e) Was macht Goethe mit ihr? ______________________

Und pflanzt es wieder
Am stillen Ort;
Nun zweigt es immer
Und blüht so fort.

f) Wofür steht dieser Ausdruck? ______________________

g) Was könnte das bedeuten? ______________________

51 **Formuliere den Zusammenhang zwischen Inhalt und Darstellungsmitteln als Punkt 2.2 deiner Gliederung aus. Verwende dabei deine Ergebnisse aus den vorausgehenden Übungen. Schreibe in dein Übungsheft.**

52 **Nimm Stellung zum Gedicht „Gefunden" von Johann Wolfgang von Goethe.**

____

____

____

____

____

____

53 **Gib den Inhalt des folgenden Gedichts aus dem 17. Jahrhundert in eigenen Worten wieder und bringe ihn mit historischen und gesellschaftlichen Ereignissen in Verbindung. Die farbig markierten Wörter helfen dir dabei. Schreibe in dein Übungsheft.**

Andreas Gryphius: Thränen des Vaterlandes

Wir sind doch nunmehr gantz / ja mehr denn gantz verheeret!
Der frechen Völcker Schaar / die rasende Posaun
Das vom Blutt fette Schwerdt / die donnernde Carthaun /
Hat aller Schweiß / und Fleiß / und Vorrath auffgezehret.
Die Türme stehn in Glutt / die Kirch ist umgekehret.
Das Rathauß ligt im Grauß / die Starcken sind zerhaun /
Die Jungfern sind geschänd't / und wo wir hin nur schaun
Ist Feuer / Pest / und Tod / der Hertz und Geist durchfähret.
Hir durch die Schantz und Stadt / rinnt allzeit frisches Blutt.
Dreymal sind schon sechs Jahr / als unser Ströme Flutt /
Von Leichen fast verstopfft / sich langsam fort gedrungen
Doch schweig ich noch von dem / was ärger als der Tod /
Was grimmer denn die Pest / und Glutt und Hungersnoth
Das auch der Seelen Schatz / so vilen abgezwungen.

Historischer Hintergrund

Um Literatur zu verstehen, ist es wichtig, die politischen und gesellschaftlichen Ereignisse der jeweiligen Zeit zu kennen.

- **Politik:** In Europa entstand im 17. Jahrhundert ein frühmodernes Staatensystem. Der Staat übernahm sämtliche Verwaltungsaufgaben und erhob hierfür vom Bürger Steuern. In Frankreich regierte Ludwig XIV. („Sonnenkönig"), der zum Vorbild der meisten Könige und Fürsten Europas wurde.
- **Gesellschaft:** Das Zeitalter des Barock war von starken Gegensätzen geprägt. Auf der einen Seite stand das Kaisertum, das seiner Macht in prunkvollen Bauten Ausdruck verlieh. Auf der anderen Seite hatten die Erfahrungen der Kriege zu Pessimismus und tiefer Weltangst geführt. In der Bevölkerung herrschten Krankheiten und Hunger. Der Dreißigjährige Krieg (1618–1648) fand erst Mitte des 17. Jahrhunderts ein Ende.
  Durch die Reformation im 16. Jahrhundert war die Kirche gespalten; die heftigen Auseinandersetzungen zwischen Protestanten und Katholiken führten zu religiösen Kriegen.
  In der ersten Hälfte des 17. Jahrhunderts erreichte die Hexenverfolgung ihren Höhepunkt.

54 **Lies dir den Auszug aus Goethes „Faust“ aufmerksam durch. Beantworte dann die nachfolgenden Fragen und gib dabei die Zeilen an, auf die du dich beziehst.**

Faust:
„Habe nun, ach! Philosophie,
Juristerei und Medizin,
Und leider auch Theologie
Durchaus studiert, mit heißem Bemühn. […]
Heiße Magister, heiße Doktor gar,
Und ziehe schon an die zehen Jahr’
Herauf, herab und quer und krumm
Meine Schüler an der Nase herum –
Und sehe, dass wir nichts wissen können!
Das will mir schier das Herz verbrennen.
Zwar bin ich gescheiter als alle die Laffen,
Doktoren, Magister, Schreiber und Pfaffen,
Mich plagen keine Skrupel noch Zweifel,
Fürchte mich weder vor Hölle noch Teufel –
Dafür ist mir auch alle Freud’ entrissen,
Bilde mir nicht ein, was Rechts zu wissen,
Die Menschen zu bessern und zu bekehren. […]
Auch hab’ ich weder Gut noch Geld,
Noch Ehr’ und Herrlichkeit der Welt;
Es möchte kein Hund so länger leben!
Drum hab’ ich mich der Magie ergeben,
Ob mir durch Geistes Kraft und Mund
Nicht manch Geheimnis würde kund;
Dass ich nicht mehr mit sauerm Schweiß
Zu sagen brauche, was ich nicht weiß;
Dass ich erkenne, was die Welt
Im Innersten zusammenhält,
Schau alle Wirkenskraft und Samen
Und tu nicht mehr in Worten kramen.“

a) Was erfährst du über die Ausbildung des Faust?

____

____

____

b) Wie bewertet Faust die Wissensgebiete, denen er sich gewidmet hat?

c) Welche Tätigkeit übt Faust im Moment aus? Seit wann tut er das?

d) Welche Informationen enthält der Text über die äußeren Merkmale des Faust?

e) Welche Selbsteinschätzung hat Faust?

f) Mit welcher Tätigkeit ist Faust beschäftigt, während er diese Zeilen spricht?

g) Welches Verhalten legt Faust an den Tag?

h) Welche Rückschlüsse auf innere Merkmale des Faust lassen diese Zeilen zu?

55 **Lies den Ausschnitt aus Gerhart Hauptmanns Drama „Die Ratten“ sowie die Informationen über den Naturalismus. Markiere die naturalistischen Merkmale in Hauptmanns Text und erläutere diese in deinem Übungsheft.**

Dramatis Personae

Harro Hassenreuter, *ehemaliger Theaterdirektor*
Schüler Hassenreuters
John, *Maurerpolier* ...

Erster Akt

Im Dachgeschoss einer ehemaligen Kavalleriekaserne zu Berlin. Ein fensterloses Zimmer, das sein Licht von einer brennenden Lampe erhält, die von der Mitte der Decke über einen runden Tisch herunterhängt. In die Hinterwand mündet ein gerader Gang, der den Raum mit der Entreetür verbindet, einer eisenbeschlagenen Tür mit einer primitiven Schelle, die der Eintritt Begehrende von außen durch einen Drahtzug in Bewegung setzt. ...

Frau John: Na ja doch! Freilich! Ick sag't ja, Pauline.

Die Piperkarcka: Nu ja. Ick will nu also Schlachtensee oder Halensee. Muss jehn un muss nachsehn, ob ick ihm treffe!

Sie trocknet ihre Tränen und will sich erheben.

Frau John verhindert die Piperkarcka am Aufstehen: Pauline! Um Jottes willen, bloß det nich! Det nich, um keenen Preis von de Welt. Det macht Skandal, kost Jeld und bringt nischt. Wat wolln Se woll, und wo Se noch in den Zustande sind, dem schlechten Halunken noch weiter nachloofen!? ...

- Der **Naturalismus** ist eine Strömung in der Literatur von etwa **1880–1890.** Der Naturalismus ist zwar mit dem Realismus verwandt, doch die Naturalisten empfinden sich als radikaler. In Abgrenzung zum Realismus versuchten sie, die **Wirklichkeit möglichst genau darzustellen.** Oft arbeiteten sie dabei mit naturwissenschaftlichen Methoden. Diese wurden zur Grundlage der Kunst.
- Die bevorzugte Gattung des Naturalismus war das **Drama.** Merkmale des naturalistischen Dramas sind die Volkssprache (Dialekt, derbe Ausdrücke), die benutzt wird, um Charaktere lebensnah darzustellen, genaue Regieanweisungen, um das Drama möglichst wirklichkeitsgetreu darzustellen, sowie das Aufgreifen neuer, bisher tabuisierter Themen.
- **Themen** in der naturalistischen Literatur sind Kritik am Bürgertum und dessen Doppelmoral sowie die neuen Probleme der Industriegesellschaft wie Gewalt, Verbrechen, Armut, Prostitution und Alkoholismus.

7.8 Sachtextanalyse

Einen Sachtext gründlich lesen

Du musst einen Text so lesen, dass du die **wichtigsten Informationen** daraus wiedergeben kannst. **Lesestrategien** helfen dir dabei.

Texte markieren:
Texte richtig markieren bedeutet, die **Schlüsselbegriffe** herauszufinden und diese im Text (farblich) hervorzuheben. Dabei ist es wichtig, dass du nicht zu viel markierst, damit du den Überblick behältst. Du musst zwischen wichtigen und unwichtigen Wörtern bzw. Textstellen unterscheiden. Wenn du die Informationen dann wiedergeben sollst, springen dir die markierten Begriffe sofort ins Auge und du erinnerst dich, worum es geht.

Texte gliedern:
Wenn du den Inhalt eines langen Textes wiedergeben sollst, hilft es, diesen in einzelne **Abschnitte** zu gliedern. Jedem Abschnitt gibst du eine **Überschrift,** sodass du den Inhalt auf den ersten Blick erkennen kannst. Zudem solltest du die **Schlüsselbegriffe** markieren oder **Randnotizen** machen, damit du auch über das Wichtigste innerhalb der jeweiligen Abschnitte Bescheid weißt.

56 **Markiere den Text so, dass auf einen Blick erkennbar wird, in welchen historischen Zeiten sich die Buchbranche weiterentwickelt hat.**

Schon in der Antike wurde mit den Vorläufern der heutigen Bücher, den Papyrus- und Pergamentrollen, gehandelt. Schreibgeübte Sklaven schrieben die Texte und Verleger organisierten ihren Vertrieb. Die mittelalterlichen Handschriften wurden in Europa verbreitet, indem sie in den Schreibstuben der Klöster vervielfältigt wurden. Es gab aber kaum Handel mit diesen Texten. Erst durch die Verwendung des vergleichsweise billigen Papiers belebte sich das Geschäft. Als im 13. Jahrhundert die ersten Universitäten gegründet wurden, kontrollierten diese auch überwiegend die Herstellung und den Verkauf der Handschriften.

57 **Lies den Text und markiere Sinnabschnitte. Notiere zu jedem Abschnitt eine Überschrift am Rand. Markiere dann die Schlüsselbegriffe.**

Kommunikationsformen

Menschen haben zu aller Zeit versucht, sich miteinander auszutauschen, auch wenn sie nicht direkt miteinander sprechen konnten. Im Laufe der Zeit haben sich die Formen allerdings gewandelt. Die Naturvölker verwendeten zu diesem Zweck Bilder oder symbolische Gegenstände, die von Boten überbracht wurden. In vielen Gegenden Afrikas waren Trommelsprachen verbreitet, um die Entfernung zu überwinden und Informationen auszutauschen. Andere Völker benutzten Schriftzeichen, die sie in Wachstafeln einritzten. In unserem Kulturraum verbreitete sich die Kunst des Lesens und Schreibens etwa seit dem Ende des Mittelalters. Das für Briefe so wichtige Material Papier wurde erstmals 1380 in Deutschland hergestellt, und bald entstanden auch schon die ersten Gebrauchsanweisungen zu Form und Stil von Briefen. Im 18. Jahrhundert gab es in Deutschland eine regelrechte Briefkultur. Der Brief bekam erst durch die Ausbreitung einer anderen Erfindung Konkurrenz: durch das Telefon. Obgleich dieses Mittel zur Verständigung über weite Entfernungen bereits im 19. Jahrhundert erfunden worden war, breitete es sich erst nach technischen Neuerungen im 20. Jahrhundert aus. Dann wurde es allerdings zu einem alltäglichen und selbstverständlichen Kommunikationsmittel.

58 **Fasse den Inhalt des Textes aus Übung 57 in deinem Übungsheft zusammen.**

Einen Sachtext analysieren

Jeder Text hat eine äußere Form und eine innere Struktur. Die wichtigste Entscheidungsgrundlage, um eine Textsorte zu bestimmen, ist dabei der Inhalt.
Ein **Sachtext** dient dazu, den Leser über ein Thema, eine Neuigkeit, über Termine, einen Gegenstand usw. zu informieren.
Ziel einer **Textanalyse** ist es, die Besonderheiten und die bestimmenden Merkmale eines Textes zu erfassen und herauszuarbeiten. Die Form, die du dafür wählen musst, ist die **Erörterung.** Um die Struktur (den Aufbau) eines Textes zu erfassen, steht zuerst die Frage nach der **Hauptaussage** im Mittelpunkt.
Die Hauptaussage kannst du herausarbeiten, indem du

- die Art der Darstellung untersuchst,
- analysierst, welche Art von Argumenten verwendet wird,
- die sprachliche Gestaltung des Textes näher betrachtest.

Am Schluss deiner Analyse verfasst du ein **Fazit** und eine Bewertung.

59 **Lies den folgenden Text gründlich durch und unterstreiche die Hauptthese und wichtige Stellen. Notiere dir ggf. Stichworte am Rand.**

Übermäßiger Alkoholgenuss der Deutschen

BERLIN „Immer mehr Menschen trinken und rauchen sich krank“, stellt die Deutsche Hauptstelle für Suchtfragen fest. In ihren jüngsten Statistiken weist sie darauf hin, dass in Deutschland mehr Alkohol getrunken wird als in den meisten anderen Ländern der Welt. Laut den Angaben, wie sie sich im jüngsten Jahrbuch der Suchthilfeexperten nachlesen lassen, werden in Deutschland jährlich pro Kopf 145,5 Liter alkoholischer Getränke konsumiert, davon hauptsächlich Bier. Der Verbrauch von reinem Alkohol beträgt damit im Durchschnitt mehr als zehn Liter im Jahr. Die Deutsche Hauptstelle für Suchtfragen schlägt vor, alkoholische Getränke höher zu besteuern und den Verkauf einzuschränken. Die ständige Verfügbarkeit von Alkohol und anderen Genussmitteln führt zu immensen Folgekosten, z. B. im Gesundheitswesen.

Ebenso wie der Alkoholkonsum hat auch der Tabakkonsum in Deutschland erschreckende Ausmaße: Laut Statistik sterben in Deutschland mehr als 140 000 Menschen jährlich an den Folgen des Rauchens.

60 Nun kannst du damit anfangen, den Text zu analysieren bzw. zu erörtern. Verfasse zuerst eine Einleitung.

____

____

____

61 Formuliere nun die Hauptthese des Zeitungsartikels in eigenen Worten.

____

____

62 Der Text enthält nur wenige Argumente, die die Hauptthese stützen. Überlege dir zwei weitere Argumente.

Pro	Kontra

63 Deine Textanalyse ist nun fast fertig. Fällt dir auf, welche zwei wesentlichen Teile noch fehlen, damit du alles zu einem kompletten Aufsatz zusammensetzen kannst? Ergänze diese beiden Teile und schreibe in dein Übungsheft.

8

Kreatives Schreiben

8.1 Schreiben mit Textvorlage

Literarische Textvorlagen umarbeiten

Jeder Autor arbeitet **kreativ:** Zu Beginn seiner Arbeit ist das Blatt leer und danach ist es beschrieben. Kreativität kann man lernen. **Kreatives Schreiben** auch. Am einfachsten ist es, wenn du dich von etwas inspirieren lässt: von einem Bild, einer Situation usw. Schreibe alles auf, was dir dazu einfällt.

Zum kreativen Schreiben zählt auch das **Umarbeiten von literarischen Textvorlagen:**

- aus einem Gedicht eine Geschichte schreiben,
- eine Geschichte in ein Theaterstück umwandeln,
- zu einer Geschichte einen anderen Ausgang erfinden,
- ein Gedicht ergänzen oder
- ein Parallelgedicht schreiben.

Wichtig ist hier, dass du die Merkmale der Textsorte, in die die Ausgangstexte umgewandelt werden, beachtest.

1 **Schreibe für ein Theaterstück einen kurzen Dialog zu folgender Situation (du hast auch noch auf der nächsten Seite Platz):**

Eine Familie, Mutter, Vater und drei Kinder – Pia, Yanik und Angie – streiten sich darum, was es am kommenden Sonntag zu essen geben soll. Yanik möchte gern Hähnchen haben, weil er das mit den Fingern essen kann. Angie würde gern fein ausgehen zum Essen, sie schlägt ein italienisches Restaurant vor. Pia will am liebsten Pommes. Deshalb schlägt ihr der Vater vor, in die Pommesbude zu gehen. Diese Idee findet die Mutter aber überhaupt nicht gut, sie will nicht im Stehen essen, sondern eine gemütliche Mahlzeit im Kreise der Familie.

2 **Wähle aus jeder Spalte des Märchenbaukastens eine Idee aus und schreibe selbst ein kleines Märchen in dein Übungsheft. Die unten stehenden Hinweise helfen dir dabei.**

Held / Heldin	Aufgabe	Umgebung	Gegenstand mit Zauberkräften
ein kleiner Hirtenjunge	einen großen Schatz finden	Zauberwald	goldener Schlüssel
ein Bauerntölpel	einen verzauberten Prinzen erlösen	Traumschloss	Silberglöckchen
eine Viehmagd	ein großes Ungeheuer bekämpfen	verschlafenes Dorf	Wunderlupe

a) Beginne mit: „Es war einmal ...“
b) Gestalte den Hauptteil in drei Abschnitten, in denen die Spannung gesteigert wird.
c) Schließe mit: „... und wenn sie nicht gestorben sind, dann leben sie noch heute.“
d) Finde eine passende Überschrift für dein Märchen.

3 Lies das Gedicht „Der Seehund" von Christian Morgenstern durch. Schreibe ein ähnliches Gedicht mit dem Inhalt, dass du deine Hausaufgaben vergessen hast. Manche Wörter kannst du übernehmen.

Christian Morgenstern: Der Seehund

Der Seehund sah mich aus Augen an,
dass ich ihn nicht vergessen kann,
so menschlich war sein Blicken.
Ich fühlte trauernd: Halbbruder Tier,
kein Wörtchen Liebe kann ich dir
nur höchstens – Fische schicken.

Mein Gedicht:

____

4 Wo könnte der Dichter des Gedichts aus Übung 3 dem Seehund wohl begegnet sein? Überlege dir fünf Fragen zum Gedicht, die du dem Dichter stellen würdest.

5 Beantworte deine Fragen aus Übung 4 selbst. Schreibe aus den Antworten eine Erzählung in dein Übungsheft.

6 **Lies die Fabel „Drei Stiere und der Löwe“ durch. Gestalte den Hauptteil aus, indem du Dialoge schreibst: Wie bringt der Löwe die Stiere dazu, sich zu entzweien?**

Drei Stiere und der Löwe (nach Äsop)

Drei Stiere schlossen miteinander ein Bündnis, jede Gefahr auf der Weide mit vereinten Kräften abzuwehren; so vereinigt, trotzten sie sogar dem Löwen, dass dieser sich nicht an sie wagte.

Als den Löwen eines Tages der Hunger arg plagte, stiftete er Uneinigkeit unter ihnen. Die Stiere trennten sich, und nach nicht acht Tagen hatte er alle drei, jeden einzeln, angegriffen und verzehrt.

Eintracht gibt Stärke, Zwietracht bringt Schwäche und Verderben.

Löwe nähert sich Stier 1: ______________________________

____

____

Stier 1: ______________________________

____

Löwe: ______________________________

____

Stier 1: ______________________________

____

Einige Zeit später – Löwe nähert sich Stier 2: ______________________________

____

____

7 **Schreibe die Fabel in deinem Übungsheft um: Die Stiere werden nicht gefressen.**

8 **Lies die folgende Sage und schreibe nach dieser Vorlage selbst eine kleine Sage. Erkläre darin, warum ein ehemals sehr herrschaftliches Bauernhaus nun so verfallen ist.**

Der Dombaumeister von Köln

Unter dem Erzbischof Konrad von Hochstaden begann 1248 der berühmte Baumeister Gerhard mit dem Bau des Doms zu Köln. Dem Teufel war das nicht recht, und er versuchte mit mancher List, den Fortgang des Dombaus zu verhindern.

Eines Tages stand Meister Gerhard hoch auf dem Domkran und überwachte den Bau. Da trat der Teufel in Gestalt eines fremden Baumeisters aus Welschland an ihn heran. Er brüstete sich mit seiner Kunst und reizte dadurch den Meister Gerhard zum Spott. Der Teufel tat beleidigt und bot ihm eine Wette an. Eher wollte er einen Bach unter der Erde von Trier nach Köln geleitet haben, als der Meister den Dombau vollendet hätte. Meister Gerhard lachte, aber aus Spaß schlug er ein und fragte, was die Wette gelten solle. „Deine Seele", sagte der Fremde, „wenn die Enten auf dem Bach herumschwimmen, ehe deine Türme bis zur Spitze fertig sind." Damit war er verschwunden.

Seitdem hatte Meister Gerhard keine ruhige Stunde mehr und arbeitete ununterbrochen mit wahrer Verbissenheit weiter an dem Bau. Seiner Frau, die ihn oft fragte, was ihm fehle, gab er lange keine rechte Antwort. Eines Abends jedoch, als sie wieder sehr in ihn drang, erzählte er ihr alles. „Aber ich gewinne doch, darum ist mir nicht bange", meinte er, „denn das Wasser in der unterirdischen Leitung kann ja nur fließen, wenn man im Abstand von einer Viertelstunde ein Luftloch lässt, und darauf kommt er nicht." Dieses Geheimnis dürfe sie aber keinem verraten.

Zu der Zeit kam öfter, wenn die Frau allein war, ein fremder Magister ins Haus, der wusste sich bei ihr einzuschmeicheln. Er gab sich als Arzt aus, der alle Krankheiten des Leibes und der Seele heilen könne und auch ein Mittel gegen den Trübsinn ihres Mannes wisse. Die Frau war froh, jemanden zu haben, mit dem sie über all ihre Sorgen reden konnte, und so vertraute sie ihm zuletzt auch das Baugeheimnis der Wasserleitung an. Seitdem ließ sich der Fremde aber nicht mehr bei ihr sehen.

Eines Abends stieg Meister Gerhard wieder auf den Turm zum Kran, und das Erste, was er von oben herab sah und hörte, waren ein paar Enten, die flogen schnatternd von dem Bach auf, den der Teufel hergeleitet hatte. Erschrocken warf der Meister sein Werkzeug hin und stürzte sich in seiner Verzweiflung den Turm hinunter. Der Böse aber sprang ihm in Gestalt eines Hundes nach und fuhr mit seiner Seele zur Hölle. Der Dom aber blieb unvollendet. Alle, die sich nach dem Meister Gerhard daran versuchten, waren nicht imstande, das Werk zu Ende zu führen.

9 **Der Anfang der Kalendergeschichte „Der Barbierjunge von Segringen“ nach Johann Peter Hebel ist durcheinandergeraten. Ordne den Text, indem du die Zahlen von 1 bis 6 auf die Linien vor den Textkästen schreibst.**

___ Wie der erschrockene Mann das hörte – denn der fremde Herr machte ein Gesicht, als wenn es nicht vexiert (= keinen Spaß machen) wäre, und das spitze, kalte Eisen lag auf dem Tisch –, so sprang er fort und schickte den Gesellen. Zu dem sagte der Herr das Gleiche. Wie der Geselle das hörte, sprang er ebenfalls fort und schickte den Lehrjungen.

___ Man muss Gott nicht versuchen – aber auch die Menschen nicht. Denn im vorigen Spätjahr kam im Wirtshaus von Segringen ein Fremder von der Armee an, der einen starken Bart hatte und fast wunderlich aussah, sodass ihm nicht recht zu trauen war.

___ Der sagte zum Wirt, ehe er etwas zu essen oder zu trinken forderte: „Habt ihr keinen Barbier im Ort, der mich rasieren kann?“ Der Wirt bejahte und holte den Barbier.

___ Der Lehrjunge ließ sich blenden von dem Geld und dachte: Ich wags. Gerät es und ich schneide ihn nicht, so kann ich mir für vier Kronentaler einen neuen Rock für die Kirchweihe kaufen und einen Schnepper. Gerät es nicht, so weiß ich, was ich tu.

___ Zu dem sagte der Fremde: „Ihr sollt mir den Bart abnehmen, aber ich habe eine kitzlige Haut. Wenn Ihr mich nicht ins Gesicht schneidet, so bezahle ich Euch vier Kronentaler. Wenn Ihr mich aber schneidet, steche ich Euch tot. Ihr wärt nicht der Erste.“

___ Und er rasierte den Herrn. Der Herr hielt still, wusste nicht, in welch entsetzlicher Todesgefahr er war, und der verwegene Lehrjunge spazierte ihm auch ganz kaltblütig mit dem Messer im Gesicht und um die Nase herum, als wenns nur um einen Sechser oder im Fall eines Schnittes um ein Stücklein Zundel oder Fließpapier ginge und nicht um vier Kronentaler und um ein Leben, und er brachte ihm glücklich den Bart aus dem Gesicht, ohne Schnitt und ohne Blut, und dachte doch, als er fertig war: Gottlob!

10 **Was glaubst du, wie die Geschichte ausgehen könnte? Schreibe einen möglichen Schluss in dein Übungsheft. Beachte dabei die Elemente einer Kalendergeschichte.**

11 **Schreibe nach dem Vorbild des Hebel-Textes „Das wohlfeile Mittagessen" (S. 90) selbst eine kleine Kalendergeschichte zum Thema „Frieden ernährt, aber Unfrieden verzehrt".**

Frieden ernährt, aber Unfrieden verzehrt, das musste zuletzt auch ein Schrebergärtner erleben, der schon seit Jahren mit seinem Nachbarn ...

8.2 Schreiben ohne Textvorlage

Möglichkeiten kreativen Schreibens

Möglichkeiten des kreativen Schreibens **ohne Textvorlage:**

- anstelle eines anderen Tagebuch schreiben,
- sich eine Geschichte zu einem Werbeplakat ausdenken,
- sich gedanklich in die Zukunft versetzen und aufschreiben, was man vor seinem inneren Auge sieht,
- einfach anfangen zu schreiben; wenn dir nichts einfällt, schreibst du, bis dir Ideen kommen,
- Gegenstände erzählen lassen.

12 **Erarbeite ein kurzes Gedicht, das aus elf Wörtern besteht, die auf fünf Zeilen verteilt sind (= Elfchen). Beachte dabei die Vorgaben und schreibe das Gedicht in die Felder darunter!**

1. Zeile, 1 Wort:	eine Farbe
2. Zeile, 2 Wörter:	ein Gegenstand, der diese Farbe hat
3. Zeile, 3 Wörter:	etwas, das der Gegenstand tut oder wo er sich befindet
4. Zeile, 4 Wörter:	erzähle mehr über diesen Gegenstand
5. Zeile, 1 Wort:	ein Abschlusswort über den Gegenstand

____

______________ ______________

______________ ______________ ______________

______________ ______________ ______________ ______________

____

13 **Was empfindest du beim Betrachten des Bildes auf der folgenden Seite? Schreibe deine Gedanken spontan auf.**

____

____

14 Welchen Eindruck macht das Bild auf dich und welche Stimmung löst es bei dir aus? Sammle möglichst viele treffende Adjektive.

15 Formuliere aus deinen Gedanken von Übung 13 und aus den Adjektiven von Übung 14 eine kurze Geschichte oder ein Gedicht. Schreibe in dein Übungsheft.

16 Betrachte das Foto auf der folgenden Seite und beschreibe es.

17 **Schreibe über die oben dargestellte Szene ein reimloses Gedicht. Die vorgegebenen Wörter helfen dir dabei.**

____

Heiß, ______________________________

Drückt ______________________________

Weit, ______________________________

Zieht ______________________________

Nur ______________________________

Am ______________________________

Mich ______________________________

Wenn ______________________________

Clevere Aufsatztipps

Immer wieder tauchen bei der Aufsatzarbeit typische Fragen auf: Was soll ich schreiben? Wie soll ich anfangen? Was gehört in die Gliederung? Solche und weitere Fragen beantworten dir die cleveren Aufsatztipps auf den folgenden Seiten – von der Erlebniserzählung über Bericht und Beschreibung bis zur Erörterung und zum textgebundenen Aufsatz. Vielfältige Hinweise zeigen dir, wie du Aufsatztechnik und Stil erfolgreich trainieren kannst.

1 Aufsätze üben – aber wie?

Die richtige Zeit und der richtige Ort

Prüfe deinen Wochenplan genau, damit du deine Übungszeiten so einbauen kannst, dass sie möglichst nicht unterbrochen werden.
Je besser du dich an deinem Arbeitsplatz konzentrieren kannst, desto besser kannst du die Zeit nutzen, um dich danach wieder mit einer Lieblingsbeschäftigung zu belohnen. Du weißt sicher selbst, welchen Versuchungen du am ehesten erliegst. Ist es auch bei dir das Telefon bzw. das Handy? Ist es die Spielkonsole oder genau die richtige Musik im Radio? Dann ist es sicherer, all das von deinem Arbeitsplatz zu verbannen.
Den Schreibtisch aufzuräumen ist übrigens für die meisten der beste Einstieg – und tatsächlich die ideale Voraussetzung für konzentriertes und zielgerichtetes Arbeiten.

Die richtige Art und Weise

Behalte beim Üben die Bemerkungen im Auge, die deine Lehrerin oder dein Lehrer unter deine letzten Aufsätze geschrieben hat. Darin sind oft Hinweise enthalten, was du besser machen kannst und auf welchem Gebiet du verstärkt üben solltest.
Mach dir Notizen, falls du bei deinen Aufgaben zu Hause über irgendwelche Unsicherheiten und Fragen stolperst. So kannst du sie im Unterricht an geeigneter Stelle einbringen – und dir ganz nebenbei noch ein Plus in der mündlichen Mitarbeit sichern!

2 Spannend erzählen

2.1 Der Erlebnisaufsatz mit Vorgabe

Behalte bei deiner Nacherzählung diese Grundsätze im Blick:
- Richte dich streng nach dem Inhalt des Originaltextes!
- Die **wichtigen Handlungsschritte,** die das besondere Ende der Geschichte bewirken, müssen vollständig sein. Neben der **äußeren Handlung** kann hier übrigens die **innere Handlung** eine große Rolle spielen.
- Eigene Überlegungen und Zusätze müssen – egal, wie nett sie wären – unterbleiben.
- Unwichtiges darf wegfallen. Stehen bleiben muss, was für die **Vollständigkeit** der äußeren und inneren Handlung wichtig ist!
- Auch deine Nacherzählung muss **spannend** angelegt sein.
- Die sprachliche Fassung muss ganz von dir selbst stammen. Es geht keinesfalls darum, möglichst den Wortlaut des Originals „im Ohr" zu behalten und weitgehend zu kopieren – im Gegenteil!

Vorsicht bei der Bildergeschichte: Lass dir Zeit!
Lass dich nicht von ersten Eindrücken vorschnell auf falsche Spuren bringen, sondern mach dir erst in Ruhe Notizen zum Geschehen in jedem einzelnen Bild. Achte dabei besonders auf die Mimik und Gestik der dargestellten Personen. Setze nun die Bildaussagen miteinander in Beziehung, finde die richtige Reihenfolge heraus und ergänze, was vielleicht noch „zwischen den Bildern" passiert ist. Denke daran, dir eine treffende Überschrift für die Geschichte zu überlegen.

Ausgestaltung eines Erzählkerns, Reizwort- und Fortsetzungsaufsätze:
Für diese Aufsatzarten brauchst du viel **Fantasie,** aber auch gute **Kontrolle:**
- Behalte den **Blickwinkel,** aus dem du die Geschichte erzählst, bei! Aus dem Er-Erzähler darf z. B. am Ende kein Ich-Erzähler werden.
- Achte auf ein **logisches** Handlungsgerüst, das keine Fragen zum inhaltlichen Ablauf offen lässt, und vermeide Umständlichkeiten!
- Behalte – bei aller Fantasie – die **Aufgabenstellung** im Blick: Passt von der Vorgabe bis zum Schluss alles zusammen? Ist es **realistisch?**
- Unterstreiche in der Reizwortgeschichte **alle Reizwörter** zur Kontrolle!
- Vergiss nicht, gegebenenfalls eine **passende Überschrift** zu finden! Sie soll nicht nur einen Teilaspekt treffen, sondern die gesamte Handlung.

2.2 Die freie Erlebniserzählung

Wenn du zu einem bestimmten Thema eine Geschichte erzählen sollst, kommen dir sicher viele passende Ideen. Plane in Ruhe!

Entscheide zuerst, was du erzählst!
Versuche nicht, im sprühenden Eifer gleich mehrere Geschichten zu erzählen. Begnüge dich mit **einer** Kernidee, die du dafür umso mehr ausgestaltest. Sortiere Überflüssiges aus! Bei dem Thema „Aufregung am Wandertag“ ist z. B. nicht wichtig, wie heftig in deiner Klasse ein paar Tage vorher das Ziel für den Wandertag diskutiert wurde.

Gliedere den Aufsatz in Einleitung, Hauptteil und Schluss!
- Nenne in der Einleitung Zeit, Ort und die handelnden Personen.
- Runde deine Erzählung mit ein, zwei treffenden Schlusssätzen ab.

Baue im Hauptteil Spannung auf!
- Erzähle der Reihe nach, Schritt für Schritt!
- Achte dabei darauf, dass die spannendste Stelle erst gegen Ende des Hauptteils liegt!
- Baue Zwischenschritte ein, die den Höhepunkt noch ein bisschen hinauszögern und damit die Spannung steigern: Ahnungen, Vorfreude und Vorausdeutungen oder auch angstvolle Zweifel, unerwartete Hindernisse, Fragen usw. können – je nach Thema – für mehr Spannung sorgen.

Gestalte den Höhepunkt gut aus!
Fünf Sinne – fünf Sätze mehr! Nutze alle deine Sinne, sie liefern dir wertvolle Anregungen. Verrate, was es genau im spannendsten Moment zu sehen, hören, ja vielleicht zu riechen oder zu schmecken (und zu sagen!) gibt und was die Finger tasten und spüren. Füge auch hinzu, was hinter der Denkerstirn passiert: Was sind die Gedanken und Gefühle in dieser Situation?

Checkliste für die Schlusskontrolle

- Ist **wörtliche Rede** enthalten?
- Hast du möglichst **treffende** Verben verwendet?
- Hast du im Satzbau **abgewechselt?**
- Erzählzeit ist das **Präteritum!** Stehen deine Verben in der Vergangenheit?

EXTRA

3 Klar beschreiben

3.1 Der Inhalt der Beschreibung

Ob du einen Gegenstand, ein Bild, eine Person oder einen Vorgang beschreiben willst – wichtig ist, dass du alles Persönliche und Gefühlsbetonte unbedingt weglässt. Die notwendigen Einzelheiten müssen lückenlos und logisch aufeinanderfolgen. Auch deine Beschreibung ist erst komplett mit Einleitung und Schluss.

3.2 Die sachliche Sprache

Sachlich, aber nicht langweilig!
Verwende sachgerechte Wörter:

- Fachausdrücke
- Zahlen, Maßangaben
- Vergleiche, z. B.: *passbildgroß, birnenförmig, katzenartig* usw.
- sinnfällige Adjektive, z. B.: *winzig, konisch, goldumrandet, leuchtend* usw.
- Farben und Farbtöne, z. B.: *rosafarben, glutrot, blaugrau* usw.
- wechselnde Konjunktionen, z. B.: *dann, nachdem, anschließend, danach, sobald, während, aber, wenn, sodass, schließlich, zuletzt* ...
- treffende, abwechslungsreiche Verben

Abwechslung, auch im Satzbau!
Hast du auf unterschiedliche Satzanfänge geachtet? Das Subjekt muss nicht immer den Anfang machen. Du kannst ebenfalls abwechseln zwischen „man" und „es". Dein Aufsatz wird flüssiger, wenn du anstelle des Aktivs auch mal das Passiv verwendest.

Alles in Maßen!

- Die Sachsprache soll zwar klar und nüchtern sein, darf aber deshalb nicht eintönig wirken.
- Vermeide eine unnötige Häufung von Zahlenangaben, damit deine Beschreibung nicht kleinlich wirkt, sondern sprachlich flüssig bleibt!

3.3 Die einzelnen Formen der Beschreibung

Gegenstandsbeschreibung

- Einleitend gibst du einen Hinweis auf die Herkunft oder den Standort des Gegenstands.
- Gehe vom Auffälligen zu weiteren wichtigen Einzelheiten bzw. vom **Allgemeinen** zu den besonderen **Details** („Zoomen“)!
- Abschließend nennst du den Zweck und / oder die Bedeutung des Gegenstands.

Bildbeschreibung

- Vermeide unvermittelte Blicksprünge! Dein „Gang“ durch das Bild bestimmt die Reihenfolge der Einzelheiten, mithilfe derer sich der Leser selbst „ein Bild machen“ kann. Die **Blickrichtung** muss erkennbar bleiben!
- Ersetze häufiges „erkennt man“ usw.! Du kannst auch die Personen bzw. Dinge im Bild „handeln“ lassen, z. B.: *Dahinter erhebt sich ein Berg …*

Vorgangsbeschreibung

- Gehe nach der **zeitlichen Abfolge** der Einzeltätigkeiten vor!
- Der erste Schritt ist meist die Bereitstellung von Geräten und Material.
- Einleiten kannst du z. B. mit dem Grund für die Tätigkeit, als Schluss eignet sich ein Hinweis auf ihr Ergebnis oder den Nutzen.
- Aufgepasst: Ersetze wiederholtes „dann“.

Personenbeschreibung

- Beachte die weite Spanne zwischen dem polizeilichen Steckbrief und der Beschreibung eines vertrauten Menschen! Letztere kann z. B. über körperliche Merkmale hinaus auch Haltungsmerkmale enthalten.
- Vermeide Werturteile und bleibe sachlich!

Vermeide Gedankensprünge!

Versuche dich in den Leser einzufühlen, der mit dem Gegenstand deiner Arbeit nicht vertraut ist. So kannst du leichter nachprüfen, ob dein Aufsatz vollständig und folgerichtig angelegt ist.

EXTRA

4 Eindrucksvoll schildern

Beschreiben, aber mit Gefühl!
Bei einer Schilderung geht es um einfühlsames, stimmungsvolles Darstellen einer Situation und ihrer Wirkung. Du darfst Sinnen und Gefühlen nachspüren, alles beurteilen – nur nicht kitschig werden:

- Deine eigene, aktuelle Beobachtung ist die beste Voraussetzung! Was kannst du sehen, hören, riechen, schmecken, fühlen, tasten oder spüren?
- Vermeide Übertreibungen, denn sie wirken unglaubhaft!
- Bildkräftige Adjektive und lebhafte Verben helfen ausmalen.
- Anschauliche Vergleiche können Stimmung vermitteln.

5 Genau berichten

Sind deine Angaben zur Sache vollständig?
Ungenauigkeiten können zu folgenreichen Missverständnissen führen, wenn du nur mal an einen Unfallbericht für die Polizei oder die Versicherung denkst. Um das zu vermeiden, kannst du dir vor dem Schreiben eine Skizze des Ereignisses anfertigen. Vermerke dort auch die W-Fragen mit den entsprechenden Kurzantworten!

Herrscht durchgängig Sachlichkeit?
Prüfe kritisch, ob dein Bericht noch Überflüssiges enthält, und verzichte unbedingt auf jede persönlich gefärbte Bemerkung. Du musst hier ebenfalls die Regeln der sachlichen Sprache beachten.

Hast du sachliche Information und Meinung genau unterschieden?

Sachliche Information	Persönliche Wertung
Der Fahrer des Mercedes nahm dem Radler die Vorfahrt.	*Der Fahrer des Mercedes drängte sich rücksichtslos vor.*
Er fuhr einen neuen Sportwagen.	*Er fuhr einen tollen neuen Sportwagen.*
Es herrschte schlechtes Wetter.	*Leider war schlechtes Wetter.*
Das Rad hatte kein Licht.	*Das Rad hatte dummerweise kein Licht.*

6 Treffende Inhaltsangaben

Lass dich auf den Text ein!
Texte können manchmal wie ungeliebte Urlaubsziele sein: Eigentlich will man da nicht unbedingt hin – aber hinterher wars doch ganz schön. Versuche Neugier zu entwickeln: Je aufgeschlossener du bist, desto mehr entdeckst du.

- **Gründliches Lesen** ist Voraussetzung, also nimm dir Zeit!
- Es lohnt sich, den Text mehr als einmal zu lesen und erst beim zweiten Lesen mit **Notizen** zu beginnen. Du sollst ja den Text verstehen, Wichtiges und Unwesentliches unterscheiden und Zusammenhänge erkennen.

Sehr anspruchsvoll: der Inhaltshinweis in der Einleitung
Wenn du einleitend neben den üblichen Textdaten kurz, aber treffend (!) angeben sollst, worum es im Text geht („Kernsatz"), so ist gleich zu Anfang **umfassendes Textverständnis** gefragt. Der Inhaltshinweis soll den **Kern des Textes** treffen, nicht nur einen Teilaspekt. Formuliere ihn daher erst dann endgültig, wenn du so gut wie fertig bist.

„Absatz" oder „Sinnabschnitt"? Drücke dich eindeutig aus!
Vorsicht! Nicht immer sind die Absätze, die durch einen neuen Zeilenanfang gekennzeichnet sind, gleichzeitig Sinnabschnitte. Es ist oft so, aber es kommt ab und an vor, dass ein Sinnabschnitt sich z. B. über zwei oder mehr Absätze erstreckt. Der **Sinnabschnitt** endet da, wo ein **neuer Gedanke** beginnt.

Halte die Zeitstufe der Gegenwart bis zum Ende des Aufsatzes bei!
Wenn du beim Schreiben ständig „die Nase im Text" hast, ist die Gefahr groß, dass du das Präteritum aus dem Text gelegentlich übernimmst und zwischen den Zeitstufen Präsens und Präteritum hin- und herspringst.

Fragen für die Schlusskontrolle:

- Steht dein Text durchgängig im Präsens?
- Herrscht eine leidenschaftslose, sachliche Sprache?
- Hast du die direkte Rede vermieden und sie indirekt wiedergegeben?
- Werden logische Zusammenhänge deutlich (*da, deshalb, folglich* usw.)?

7 Gründlich erörtern

7.1 Argumentieren

Mach deinen Standpunkt klar! Wenn du beim Argumentieren überzeugen willst, tust du das am besten in den drei Schritten: These (Behauptung), Argument (Begründung) und Beispiel.

1. These: Du äußerst deinen Standpunkt
Die **These** ist deine Antwort auf die Themafrage, also die **Behauptung,** von der du in deiner Begründung ausgehst. Deine Thesen tauchen demnach in der Gliederung als Gliederungspunkte auf, ggf. auch zusammengefasst zu zweien (oder mehreren) in Sinngruppen mit einer gemeinsamen Überschrift.
Vorsicht: Da auch das Thema oft die Form einer Behauptung hat, kann der Begriff These genauso für das Thema verwendet werden (↑ Extra Kap. 7.4) – der Sinnzusammenhang entscheidet.

2. Argument: Du begründest deine Aussage
Unter dem Begriff **Argument** versteht man hier die begründete Behauptung, also die Gesamtheit von **Behauptung und Begründung.**
Übrigens: **Argument** und **Argumentation** – ein kleiner Unterschied! Mit Argumentation meint man die Art und Weise des Begründens und Belegens, einmal innerhalb eines Sinnabschnittes, aber auch bezogen auf alle Argumente in einem erörternden Text insgesamt.

3. Beispiel: Du verdeutlichst dein Argument
Untermauere dein Argument mit (mindestens!) einem **Beispiel.** Dadurch unterstreichst und – vor allem – belegst du die Richtigkeit und Bedeutung deiner Aussage in der Praxis.

Um dein Argument harmonisch in das Textganze einzubinden benötigst du noch einen „Rahmen“, einen sogenannten **Punkt.**
Mit diesem bezeichnet man den Sinnabschnitt im Text, der ein Argument darlegt. Er besteht aus der **Verknüpfung (Überleitung)** mit dem vorausgehenden Text und aus dem abrundenden Satz am Ende des Sinnabschnitts, der **Rückführung.** Sie nimmt den Bezug zur These wieder auf. Um einen Punkt noch deutlicher zu machen ist er auch im Schriftbild abgesetzt.

So machst du deinen Punkt:

- Achte auf annähernd gleichmäßig lange, ausgewogene Punkte!
- Lass dazwischen eine Zeile frei zur leichteren Übersicht und Kontrolle!
- Die Reihenfolge von These, Begründung und Beispiel darf auch mal abwechseln! Damit kann der Rückbezug auf die These ggf. entfallen.

7.2 Die Gliederung erstellen

Gehörst du auch zu denen, die lieber spontan losschreiben und hinterher gliedern? Das geht natürlich, kostet aber mehr Zeit für die Überprüfung der Gedankenführung und der Vollständigkeit – und die entsprechenden Änderungen ...

Themaverfehlung – nein, danke!

Themabetrachtung ist gut investierte Zeit:

- Unterstreiche den Themabegriff!
- Prüfe dann die Fragestellung auf besondere Einschränkungen hin!
- Wiederhole bzw. umschreibe das Thema mit anderen Worten!
- Ist die Fragestellung einfach (linear) oder zwei- bzw. mehrteilig?

Vielfältigste Ideen sammeln – aber wie?

„Hilfe! Mir fällt nichts ein!" – Dieser Gedanke ist das Signal, dass dein „Brainstorming" alleine nicht weiterführt. Hilfe zur Selbsthilfe kann so aussehen:

- Erstelle eine Mindmap (Cluster) mit dem Themabegriff in der Mitte!
- Bilde mit dem Themabegriff an erster wie an letzter Stelle so viele Wortzusammensetzungen wie möglich.
- Liste die Wortfamilie des Themabegriffs und das Wortfeld auf.
- Denke an unterschiedliche Betroffene und ihre möglichen Kommentare.

Ordne deine Ideen!

Bei deinen gesammelten Notizen für den Hauptteil muss erst „die Spreu vom Weizen" getrennt werden:

- Sortiere streng aus, was nicht zum Thema gehört oder unwesentlich ist!
- Kannst du die verbleibenden Aussagen kürzer formulieren?
- Fasse deine Ideen ggf. in geeigneten Sinngruppen zusammen!

Gib dem Hauptteil mit Einleitung und Schluss den richtigen Rahmen!
Das bloße Stichwort „Einleitung“ bzw. „Schluss“ reicht nicht aus: Nenne jeweils den Kerngedanken. Wenn der Schluss den Einleitungsgedanken wieder aufnimmt, wirkt das besonders gelungen.
Mögliche **Einleitungsideen:** persönliches Erlebnis, aktueller Anlass, TV- oder Radiosendung, Artikel aus Zeitung oder Zeitschrift, Definition / Erklärung des Themabegriffs, gegensätzlicher Begriff oder Gedanke, Sprichwort / Redewendung / Zitat usw.
Geeignete **Schlussideen:** persönliche Stellungnahme, Fazit, Zusammenfassung, Ausblick in die Zukunft, Wunsch, Einschränkung usw.

Eine sorgfältig angelegte Gliederung – ein guter Wegweiser!

- Gliedere die Erörterung in A (Einleitung), B (Hauptteil) und C (Schluss). Wählst du die numerische Gliederung, dann beschränke dich auf arabische Ziffern: 1 (Einleitung); 2 (Hauptteil); 2.1; 2.1.1; 2.1.2; 2.2; ...; 3 (Schluss). Du kannst auch nur den Teil B numerisch gliedern.
- Ordne deine Punkte unter B **steigernd** an: das Wichtigste zum Schluss!
- Vermeide Einzelwörter beim Gliedern: Bevorzuge **genauere Aussagen!**
- Das Thema **betitelt** auch den Hauptteil der Gliederung. Darauf müssen alle deine Behauptungen sprachlich richtig bezogen sein!
- Entscheide dich für **ein** Prinzip: entweder nur Stichwörter oder ganze Sätze!

7.3 Die Erörterung ausführen

Die Einleitung enthält einige Fettnäpfchen, die du umgehen kannst:

- Ein, zwei Sätze reichen nicht: Gib der Ausführung des Kerngedankens ähnlich viel Raum wie den Punkten des Hauptteils.
- Vergiss am Ende der Einleitung nicht, das vollständige Thema anzuführen – im gleichen oder ähnlichen Wortlaut.
- Schaffe eine Überleitung zwischen der Einleitungsidee und dem Thema.
- Nimm in der Einleitung kein Argument aus dem Hauptteil vorweg.
- Falle nicht mit der Tür ins Haus: Du musst zuallererst zum Thema hinführen.
- Zum Schluss beachtest du noch die freie Zeile nach der Einleitung.

Überprüfe deine Argumentation!

- Beantworten deine Thesen die Themafrage direkt und eindeutig?
- Ist das Argument vollständig mit These, Begründung und Beispielen?
- Sind alle Argumente schlagkräftig? Sortiere ggf. allzu schwache aus.
- Eine bloße Wiederholung der Behauptung in anderen Worten ist noch keine Begründung. Zeige logische Zusammenhänge auf!
- Sind die Beispiele treffend gewählt?
- Vermeide im Rückbezug eine bloße Wiederholung der Behauptung.
- Denke daran, Absätze zu machen.

Achte auf Abwechslung bei den Überleitungen!

- Geeignete Wörter: *zunächst – auch – besonders – zudem – weiter* usw.
- Geeignete Wendungen: *hinzu kommt – außerdem ist zu bedenken – bemerkenswert ist ebenfalls – dies trifft auch zu auf – man denke nur an – Gegner der vorhergehenden These behaupten – man muss sicher zugeben, dass* usw.

Vermeide typische Fehler im Schlussteil!

Hebe in der knappen Zusammenfassung nicht nur vereinzelte Punkte heraus, sondern ziele auf die Gesamtheit der Argumente! Liefere vor allem kein Argument mehr nach – das gehört zum Hauptteil!

Die Schlusskontrolle

- Lies deinen Aufsatz gründlich durch und überprüfe Rechtschreibung und Zeichensetzung!
- Steht das Thema auch wirklich über deinem Aufsatz?

7.4 Die dialektische Erörterung

Während die einfache (lineare, steigernde) Erörterung nur den Aspekten einer Frage nachgeht, liegen der **dialektischen** (kontroversen) Erörterung **zwei gegensätzliche Aussagen,** also These und Antithese zugrunde, die gegeneinander abgewogen werden sollen. Bei Entscheidungsfragen (z. B. „Sollte man ...?“; „Was hältst du von ...?“) musst du diese beiden Aussagen selbst formulieren.

Tipps für die Gliederung:

- Zwei gegensätzliche Aussagen beherrschen den Hauptteil (B) deiner Erörterung, z. B. *Pro und Kontra*; *Vor- und Nachteile*; *Segen oder Fluch* usw.
- Setze unter dem Buchstaben B) mit der Themafrage ein und führe sie sprachlich passend mit römischen Ziffern fort, z. B.:

B) Themafrage	*B) Die Benutzung öffentlicher Verkehrsmittel hat*
I. These	*I. einige Nachteile*
II. Gegenthese	*II. aber auch große Vorteile*

- Aus der Gesamtschau auf beide Teile kann die **Synthese** z. B. ein Fazit ziehen, einen Kompromiss schließen oder einen abrundenden Gedanken entwickeln. Das kann im Hauptteil geschehen unter III. oder – wie vielfach üblich – als Schlussteil (C) der Erörterung.
- Strebe eine möglichst gleiche Anzahl von Punkten für I. und II. an.
- Da es Themen gibt, in denen nicht nur zwei, sondern drei oder gar mehr Fragen angelegt sind, musst du in diesem Fall den Hauptteil (B) entsprechend in drei bzw. mehr Bereiche mit römischen Ziffern unterteilen.

7.5 Die textgebundene Erörterung

Hier ist ein kommentierender Text (manchmal auch mehrere) Gegenstand deiner Arbeit. Die darin enthaltenen Argumente sollst du erkennen, kritisch betrachten und ihre Überzeugungskraft bewerten. Schließlich ist deine eigene Stellungnahme zu der Sache gefragt, mit der sich der Text befasst.

Halte die Grundregeln ein!

- Bemühe dich um klares **Textverständnis:** Lies den Text „mit dem Bleistift" wie bei der Inhaltsangabe und kläre schwierige Begriffe und dir unbekannte Fremdwörter.
- Ist deine **Einleitung vollständig** mit den Angaben zu Textsorte, Titel, Verfasser und einem Hinweis auf die inhaltliche Thematik?
- Bewerte die **Argumentation im Text** (nicht den Autor!): Sind wichtige Argumente angeführt? Sind sie überzeugend, die Beispiele treffend?
- Achte bei der indirekten Rede auf die richtigen Verbformen!
- Hast du dich selbst in der Thematik ausreichend schlau gemacht?
- Der **Schluss** soll das Ganze, nicht nur deine Stellungnahme abrunden!

8 Mit Texten umgehen

8.1 Analysieren

In einer Textanalyse musst du erkennen und beschreiben, was für einen Text du vor dir hast. Es kann ein literarischer Text sein aus der Epik (z. B. Erzählung, Kurzgeschichte usw.), der Lyrik (z. B. Gedicht, Lied) oder ein dramatischer Text (Theaterstück). Es kann sich aber ebenfalls um einen journalistischen Text handeln (z. B. Bericht, Kommentar, Reportage).

Das notwendige Handwerkszeug

Obwohl man von klein auf und immer wieder von Texten in mündlicher oder schriftlicher Form umgeben ist und sie möglicherweise sogar „gut kennt", ist es doch ein Schritt für sich, deren besondere **Kennzeichen** festzustellen und sie mit den **richtigen Begriffen** zu belegen. – Die kennt man allerdings im Normalfall nicht von Anfang an.

- Mach dich vertraut mit den **unterschiedlichen literarischen Formen!** Der Aufwand ist nicht größer als beim Vokabellernen und -anwenden. Dein Deutschbuch liefert alles Notwendige – noch vor dem Griff zum Fachbuch aus Schülerbibliothek, Stadtbücherei oder Handel bzw. dem Internet.
- Mach dich entsprechend vertraut mit den **journalistischen Formen.** Hier hilft auch die Praxis: Tägliches Zeitunglesen bringt willkommene Routine.
- Unerlässlich: Erarbeite dir eine gute Kenntnis der **sprachlichen und stilistischen Mittel,** hier besonders der rhetorischen Figuren.

Der Aufbau der Textbeschreibung

Ob literarischer oder journalistischer Text – der Katalog an Aspekten, anhand derer ein Text betrachtet wird, ist grundsätzlich gleich.

Die Grobgliederung zur Textbeschreibung:

- Inhalt und innerer Aufbau
- Textsorte
- Sprachliche Gestaltung (Wortwahl, Satzbau, Sprachebene, Stilmittel)
- Absicht und Zielgruppe

EXTRA

Die Grobgliederung kann gelegentlich eine spezielle Gewichtung zeigen: Beim Gedicht z. B. stehen Form, Sprache und Stil im Vordergrund; bei erzählenden Texten spielen Spannungskurve und Handhabung des Zeitstrangs eine Rolle; die Beschreibung eines Bühnenstücks wird häufig um eine Charakteristik erweitert; beim Zeitungsartikel kommt die Beschreibung des Textäußeren (Layout) dazu.

- Beachte die **spezielle Aufgabenstellung** genau und mach sie zur Grundlage deiner Gliederung! Sie bestimmt den **Hauptteil** deiner Textanalyse.
- Nenne in der **Einleitung** Titel, Verfasser, Textsorte, bei Zeitungsartikeln Zeit und Ort der Entstehung; bei literarischen Texten – soweit bekannt – evtl. den Hintergrund (Epoche / Biografie des Autors). Füge dann den Inhaltshinweis („Kernsatz“) dazu.
- Nimm im **Schluss** persönlich Stellung zum Text.

8.2 Interpretieren

Im **textgebundenen Aufsatz** wird nicht nur analysiert, sondern auch **interpretiert:** Über die einfache Textbeschreibung hinaus ist hier dein eigenes Textverständnis gefragt, deine persönliche Auseinandersetzung mit dem Text. Diese kann – je nach Aufgabenstellung – eine persönliche Reaktion sein, z. B. auf ein Gedicht, ein Deutungsversuch oder die Bearbeitung von **weiterführenden Aufgaben,** die auf einem treffenden Textverständnis aufbauen und kreativen, appellativen oder erörternden Inhalt haben können.

Tipps zur Gliederung des textgebundenen Aufsatzes

- Leite – wie bei der Textbeschreibung – ein mit den **Textdaten** sowie dem **Inhaltshinweis** und verweise zusätzlich auf die Bearbeitung einer **weiterführenden Aufgabe.**
- Gliedere den **Hauptteil** entsprechend der Reihenfolge der Leitfragen in der Arbeitsanweisung.
- Die Gliederung muss konkret auf den vorliegenden Text bezogen sein. Eine ganz allgemein gehaltene Grobgliederung reicht nicht aus.
- Formuliere deine Gliederungspunkte einheitlich (füge jedoch hier keine Beispiele ein).
- Runde ab z. B. mit der **begründeten** persönlichen Meinung im Schluss.

Praktische Tipps zur Ausführung

Lies den Text ein- oder mehrmals sorgfältig **„mit dem Stift".** Markiere dabei Wichtiges, unterteile den Text in Abschnitte zwecks besserer Übersicht. Fasse nun den Text zusammen in einer strukturierten Inhaltsangabe:

- Setze dabei wörtliche Rede in die **indirekte Rede** um!
- **Belege** deine Aussagen zum Text grundsätzlich mit Textbeispielen – ausgenommen in der strukturierten Inhaltsangabe!
- Achte streng auf die **korrekte** Übernahme des Zitats!
- Denke dabei unbedingt an **Zeilenangaben** für die Textbelege!
- Benenne nicht nur das **Merkmal** des Textes, sondern auch seine **Funktion und Wirkung!**
- Die Zeitstufe für deine Darstellung ist das **Präsens.**

Teilaspekte der Textbetrachtung – einer für alle, alle für einen

Ein Autor wird sich für die Darstellung seines Inhalts immer genau der **Form** bzw. Textsorte und passender **sprachlicher Mittel** bedienen, die seine **Absicht** am besten unterstützen, mit der er den Text verfasst. Alle Teilaspekte sind miteinander vernetzt und voneinander abhängig: Zeige also konkret auf, wie einzelne Textmerkmale sich gegenseitig bestätigen! Verknüpfe so oft wie möglich deine Beobachtungen zu unterschiedlichen Bereichen miteinander: z. B. Textsorte und Sprache (Satire – beißende Ironie), Textsorte und Aufbau (Kurzgeschichte – unvermittelter Anfang, offener Schluss), Textsorte und Absicht (Glosse – unterhaltsamer, spöttelnder Versuch der Einflussnahme) usw. Unterstreiche mit deiner Darstellung so weit wie möglich die Übereinstimmung von **Inhalt und Form,** die in einer künstlerischen Darstellung immer angestrebt wird und deren Wert bemisst.

Spezielle Tipps zur Gedichtinterpretation

- Unterscheide: **Lyrisches Ich** („ich" im Text) und **Verfasser** sind zweierlei!
- Halte nach gründlichem Lesen spontan fest, wie du den Text verstehst.
- Fertige die Textanalyse an und verwende Textmarker für die vielfältige Untersuchung der Form (Metrum, Strophen, Reim usw.) und der Sprache (Stilmittel)!
- Gleiche deine Ergebnisse ab mit deinem ersten Eindruck, korrigiere ihn bei Bedarf und formuliere die endgültige Fassung deines Textverständnisses!
- Prüfe, ob deine Arbeit vollständig ist mit Einleitung, Hauptteil und Schluss!

1 Erzählen

1 S. 7
Meine Geburtstagsparty: Einladungskarten schreiben und verteilen – Grill aus dem Keller holen – Hefeteig für Stockbrot ansetzen – Holzkohle kaufen
Begegnung mit einem Drachen: Schwefelgeruch – angekohlte Bäume und Sträucher – furchterregende Geräusche
Die Supermaus: dreißig Käselaibe pro Tag verspeisen – allerdings etwas eitel, bürstet sich jeden Tag zwei Stunden lang das Fell – als Blitzkurier einsetzbar

2 S. 8
Lösungsvorschlag:
Meine Geburtstagsparty: Musik auflegen – Krach mit den Nachbarn – Lagerfeuer
Begegnung mit einem Drachen: aufsteigender Rauch – grüne Schwanzflosse – heftiger Kampf
Die Supermaus: Kamm verloren – noch schnell einen kaufen – Ladenschluss

3 S. 8
Die richtige Reihenfolge: 3, 7, 1, 5, 4, 6, 2

4 S. 9
sagen: rufen, meinen, antworten, erwidern, entgegnen, flüstern, schreien ...
denken: sich etwas durch den Kopf gehen lassen, überlegen, meinen, erwarten, für richtig halten ...
lustig: fröhlich, fidel, munter, komisch, merkwürdig, lächerlich, witzig, heiter, gut gelaunt ...
sich freuen: glücklich sein, zufrieden sein, lachen, strahlen über das ganze Gesicht ...
helfen: behilflich sein, Hilfe leisten, unter die Arme greifen, unterstützen, zur Hand gehen ...
Hindernis: Sperre, Blockade, Hürde, Barriere, Schwierigkeit, Problem ...
groß: riesig, geräumig, ausgedehnt, wuchtig, hoch, stattlich, mächtig, lang, tief ...

5 S. 10
Wetter: diesig, neblig, frostig, heiter, schön, heiß
Mittagessen: lecker, würzig, teuer, reichhaltig, heiß, versalzen
Briefträger: fröhlich, heiter, munter, spindeldürr, schön, blond
Traumschloss: prachtvoll, schön, teuer, gläsern
Radrennen: heiter, munter, schön, spannend, umkämpft, anstrengend

6 S. 10
vor lauter Enttäuschung heulen – mit schlotternden Knien ankommen – in klirrender Kälte erfrieren – mit rasanter Geschwindigkeit brausen – vor Aufregung starkes Herzklopfen haben – keinen Finger krumm machen – mit ohrenbetäubender Lautstärke kreischen – einen bitterbösen Blick zuwerfen

7 S. 11
1. Bild: Sie bläst die Kerzen ihrer Geburtstagstorte aus.
Das Mädchen ist eines von Jessicas Geburtstagsgästen.
2. Bild: Ihrer (besten) Freundin.
Bücher, CDs, Kleidung, Fotoapparat ...
3. Bild: Es klingelt, Jessica geht zur Tür.
4. Bild: Ein großes Geschenk.
5. Bild: Jessica packt das Geschenk aus.
Die Gäste sind gespannt, was im Paket ist. Sie sehen zu.
Jessica findet den Teddybären süß, richtig zum Liebhaben.
6. Bild: Jessica hat den Teddybären mit ins Bett genommen.
Der Teddybär ist das schönste Geburtstagsgeschenk.

8 S. 12
Lösungsvorschlag:
Jessica hatte alle ihre Freundinnen und die Schülerinnen aus ihrer Klasse zu ihrem Geburtstag eingeladen. Sie stand vor ihrer großen Geburtstagstorte und schaffte es, alle Kerzen auf einmal auszublasen. Dann zeigte sie ihrer besten Freundin die vielen Geschenke: Bücher, CDs, schicke Kleider, einen Fotoapparat ...
„Wirklich, du hast viele schöne Geschenke bekommen, Jessica!“
Da klingelte es. Jessica machte auf. Vor der Tür standen Oma und Opa mit einem großen Geschenk, das in schönes Papier eingepackt war, mit einer leuchtend roten Schleife.
Alle Mädchen wollten wissen, was in dem Karton war.
„Pack das Geschenk endlich aus!“, sagte die beste Freundin.
Jessica löste die Schleife und machte das Papier auf. Sie holte aus dem Karton ... einen Teddybären, den süßesten Teddybären, so richtig zum Liebhaben!
Die Freundin wollte ihn auf den Arm nehmen. Aber das ließ Jessica nicht zu! Ihren Teddybären wollte sie nicht hergeben. Sie nahm ihn später mit ins Bett und dachte: „Du bist mein schönstes Geburtstagsgeschenk!“

9 S. 13
Reihenfolge: 4, 3, 1, 6, 5, 2
Bild 3: „Endlich angekommen!" – „Und wo ist mein Bett?"
Bild 1: „Wo ist Bello?" – „Ist er nach der letzten Rast eingestiegen?" – „Wir müssen ihn suchen!"
Bild 6: „Jetzt sind wir schon überall gewesen, wo ist er nur?" – „Wollen wir bei der Polizei nachfragen?" – „Hoffentlich finden wir ihn wieder!"

11 S. 16
a) Nein.
b) Mögliche Beispiele sind: Philip stöhnte. (Z. 29) – Er wollte nach Hause gehen. (Z. 37 f.) – Er rannte den Hügel hinunter. (Z. 45) – Sein Herz klopfte. (Z. 47 f.) – Philip ließ vor Schreck die Bücher fallen. (Z. 51 f.)

12 S. 16
Handlungsort: unter einem Baum (Z. 1 f.), auf einem Hügel (Z. 8)
Personen: Philip, ein entflogener Papagei
1. Abschnitt: Philip liegt unter einem Baum und will Mathematikaufgaben lösen. (Z. 1–4)
2. Abschnitt: Philip wird beschimpft, er kann niemanden sehen. (Z. 5–14)
3. Abschnitt: Die Stimme beschimpft ihn weiter. Philip schreit zurück, kann niemanden sehen. Es wird ihm unheimlich. (Z. 15–26)
4. Abschnitt: Die Stimme redet weiter auf Philip ein. Philip will nach Hause, er bekommt Angst. (Z. 27–49)
5. Abschnitt: Philip sieht den Papagei oben im Baum. Er muss lachen. (Z. 50–67).

13 S. 17
a) Nein.
b) „Du sollst dir die Füße sauber machen, bevor du hereinkommst!" – „Mach die Tür zu, du Idiot, und schnüffle nicht dauernd. Hast du kein Taschentuch?" – „Zeig dich, damit ich weiß, wer mit mir spricht! Ich schnüffle ja gar nicht!" – „Ich habe dir schon 100-mal gesagt, du sollst nicht pfeifen!" – „Schnüffle nicht, du Idiot! Wo sind deine Manieren?" – „Kiki, Kiki, wo bist du?"
c) Wer sprach da zu ihm? – Philip konnte das nicht begreifen! Woher kam die Stimme? – ... hörte zu seiner Überraschung ... – Die Sache wurde ihm unheimlich. – ... sodass er vor Schreck bis zum nächsten Baum lief.
d) Fünf Fragezeichen. Sechs Ausrufezeichen.
e) hatte ... gelegt, wollte, hörte, war, sprach, blickte, war, schrie, konnte, kam, sagte, war, hörte, wurde, stand auf, packte ... zusammen, wollte, aufstand, hörte, lief, hatte ... verfolgt, kam, blickte, sah, war, gemacht hatte, musste, hörte, suchte, rief
f) Die direkte Rede muss in beiden Texten markiert sein.

14 S. 18
Lösungsvorschlag zu Teilaufgabe c):
Gestern habe ich davon geträumt, über Nacht im Zoo eingeschlossen worden zu sein. Um mich vor dem großen Gewitter zu schützen, ging ich ins Tropenhaus. Als ich kurz nach dem Gewitter das Tropenhaus verlassen wollte, war die Ausgangstür verschlossen. Sofort eilte ich zur Eingangstür, aber dort konnte ich auch nicht heraus. Eindringliches Pochen gegen die Tür und lautes Rufen halfen nichts. Niemand reagierte. Ein Blick auf die Uhr zeigte, dass es bereits nach 18:00 Uhr und ich offensichtlich bis zum nächsten Morgen hier gefangen war. Ich machte mich auf die Suche nach einem Schlafplatz. Hinter dem Kaimanbecken gab es eine kleine trockene Höhle, zu der ich über einen schmalen Steg gelangen konnte. Als Abendbrot nahm ich drei Orangen mit, die ich von der Aussichtsplattform pflücken konnte. Ich tastete mich vorsichtig über den Steg und versuchte, die Aufmerksamkeit der Kaimane nicht auf mich zu lenken. Solange die Beleuchtung noch an war, hielten die grünen Tiere immer wieder ihre Schnauze aus dem Wasser und beobachteten mich neugierig. Nachdem dann das Licht ausgegangen war, wurden die Fledermäuse in der Höhle aktiv. Vor Aufregung konnte ich kaum schlafen. Offensichtlich sind mir dann doch irgendwann die Augen zugefallen, denn am nächsten Morgen wurde ich durch sanftes Rütteln geweckt. Die Tierpflegerin staunte nicht schlecht, als ich ihr von meinen Erlebnissen berichtete.

16 S. 20
a) Ja. – Sie weiß, dass man ein Pferd vorbildlich pflegen kann. Sie beschreibt einen typischen Reitunfall. Zeile 13: ... ließ ihm lange Zügel.
b) André war noch nie auf Safari. Elefanten tragen Touristen nicht durch den Dschungel. Ein kleiner Frosch kann nicht auf einen Elefanten springen. Einen großen Berg kann man nicht einfach überqueren. Ein Affe im Dschungel klaut keine Bonbons aus der Hosentasche. Zunächst vermutet man, dass eine unbekannte Schlange giftig ist, namentlich im Dschungel. In einem Dschungeldorf gibt es keinen Arzt, der einem eine Spritze geben könnte.

c) Frosch, Affe, Schlange
d) Zeile 2: nach erlebt. – Zeile 3: nach anzusehen. – Zeile 7: nach los. – Zeile 11: nach kaputt. – Zeile 16: nach Hosentasche. – Zeile 27: nach durfte.
e) Umgangssprachliche Ausdrücke: ... lachten uns kaputt. .. damit das Gift nicht noch woanders hinkommt.
f) Das ist wichtig, weil das Pferd sie später rettet.
g) Gelegentlich sind die Sätze zu lang.
Als Shalimar merkte, dass er Lisa nicht helfen konnte, galoppierte er nach Hause. Dort waren alle schon aufgeregt, weil Lisa nicht zurückkam.
So schnell wie möglich brachte er seine Schwester ins Krankenhaus. Dort stellten die Ärzte fest, dass Lisa außer der Gehirnerschütterung auch noch ein Bein gebrochen hatte.
h) Ja. Überschrift und Inhalt passen zueinander.

17 S. 20
Mögliche Themen für eine Erlebniserzählung mit Tieren wären:
- das Weglaufen eines Haustiers,
- der Verkehrsunfall eines Hundes oder einer Katze,
- die erste Begegnung mit einem Tier,
- ein Erlebnis im Zoo,
- ein Erlebnis im Wald,
- Ferienerlebnisse auf dem Bauernhof usw.

18 S. 21
Erlebniserzählung: 1, 2, 3, 6, 7, 10, 12, 13, 15
Fantasiegeschichte: 4, 5, 8, 9, 11, 14, 16

20 S. 22
a) Die Einleitung geht bis Zeile 6.
b) Man programmiert ihn auf einen Lernstoff. Dann hält man ihn an den Kopf. Dadurch werden die Gehirnzellen auf den neuen Lernstoff programmiert.
c) Sie beherrscht die Prozentrechnung.
d) Der Zusatz ist eine witzige Pointe, die den Aufsatz noch verbessert.

21 S. 23
Du träumst, wie man im Jahre 2222 reisen wird, z. B. schneller als heutzutage, mit anderen Fortbewegungsmitteln als heute usw.

22 S.24
Lösungsvorschlag:
a) Opa hielt plötzlich inne und atmete dann ganz laut hörbar. Er bekam wenig Luft. Er atmete schwer. Jeder Atemzug war deutlich zu hören.
b) Opa bremste ganz plötzlich mit einem starken Ruck. Die Reifen quietschten, das Auto schleuderte.
c) Das Auto war von der Straße gerutscht und kam auf einem Acker zum Stehen.

23 S. 24
Beachte beim Formulieren der Erzählung, dass das Thema einen klaren Vorgang andeutet. Beschreibe die Atembeschwerden des Opas anschaulich. Schildere, wie das Auto gebremst wird und wie du in dem Notfall reagierst. Kannst du mit einem Handy umgehen – auch wenn du sehr aufgeregt bist? Kennst du die Notrufnummer oder würdest du lieber zu Hause anrufen? Wie kannst du beschreiben, wo sich das Auto befindet? Du weißt: Hilfe muss schnell kommen. Langes Jammern und Überlegen ist in dieser Situation nicht angebracht.

2 Beschreiben und Darstellen

1 S. 25
Reihenfolge (von oben nach unten): 5, 8, 6, 3, 9, 1, 7, 4, 2

2 S. 26
a) Satz 2 ist der beste, weil der Gegenstand genau benannt wird.
b) Satz 2 ist der beste, weil erwähnt wird, dass eine Bratpfanne beschrieben wird.

3 S. 26
Im Folgenden beschreibe ich eine Schreib- und Maltafel aus Kunststoff für Kinder. Die Tafel ist etwa 1,30 m hoch und 65 cm breit. Die vier Stützen sind in der Höhe verstellbar. Das gerahmte, weiße Mal- und Schreibfeld misst 50 x 65 cm. Auf ihm kann nur mit einem Spezialstift geschrieben werden. Unter dem Schreibfeld befindet sich auf der ganzen Breite eine Plastiktasche zur Aufbewahrung des Stiftes und des Putztuches.
Diese Schreibtafel eignet sich für Kinder im Vor- und Grundschulalter.

4 S. 27
Bild 1: auffallend dick, Motorradhelm unter dem Arm, Motorradstiefel, Benzinkanister in der Hand.
Bild 2: zu enges Kleid, Stöckelschuhe, auffällige Frisur, auffälliger Aufdruck auf der Handtasche.

Bild 3: runde Fenster, Dachziegel, großer Briefkasten mit der Aufschrift S 05, auffällig gestaltete Hausnummer 46.

5 S. 27
a) Landschaftsbild
b) Vordergrund: Palmen, Mitte: Häuser, Hintergrund: eine Gebirgskette
c) Das Bild vermittelt einen idyllischen Eindruck.

6 S. 27
Lösungsvorschlag:
Die Abbildung zeigt eine Landschaft, im Vordergrund erkennt man drei Palmen und einzelne andere Bäume und Sträucher.
In der Mitte sieht man einige einfache Häuser, die an einer kleinen Straße liegen, sowie einzelne Felder und Wiesen.
Im Hintergrund erkennt man einen Gebirgszug. Weite Teile des Bildes sind durch die Palmen, Büsche und Sträucher im Vordergrund bestimmt. Das Bild macht einen ruhigen, idyllischen Eindruck.

7 S. 28
Ergänzung in dieser Reihenfolge:
Zuerst – Anschließend – Daraufhin – Nun – Danach – Im Anschluss daran – Zum Schluss

8 S. 29
Lösungsvorschlag:
Zunächst werden die Kartoffeln gewaschen, geschält und in Scheiben geschnitten. Im Anschluss daran gibt man etwa 20 ml Öl in eine Pfanne und erhitzt dieses. Die Kartoffelscheiben werden in das heiße Öl gegeben. Danach kann man die Kartoffeln nach Geschmack mit Salz, Pfeffer oder Paprika würzen. Die Kartoffelscheiben werden bei großer Hitze goldgelb gebraten, dabei sollten sie von Zeit zu Zeit gewendet werden.

9 S. 29
Vorbereitung: Reise buchen, Grammatik pauken, Gitarre stimmen
Durchführung: mit der Bahn fahren, sich bei der Klassenarbeit konzentrieren, vor Publikum auftreten
Ergebnis: Erholung genießen, gute Note bekommen, Applaus ernten

10 S. 30
a) 2, 4, 1, 5, 3
c) **Lösungsvorschlag:**
Zum Wechseln einer Patrone im Füllfederhalter öffnet man zunächst das Gehäuse, indem man den unteren, der Feder entgegengesetzten Teil abdreht. Dann wird die leere Tintenpatrone aus der Halterung genommen und eine neue wird eingesetzt. Das Gehäuse wird wieder zugeschraubt. Auf einem Blatt Papier werden, damit die Tinte in die Feder gelangt, ein paar Kreise oder Linien gezogen.

11 S. 31
Bild 1: Auf dem Bild ist eine Frau im Alter von etwa 80 Jahren zu sehen, die mit einem Stock geht.
Bild 2: Auf dem vor mir liegenden Bild sehe ich einen etwa 25-jährigen Mann, der Wanderkleidung (und einen Wanderrucksack) trägt.
Bild 3: Im Folgenden beschreibe ich einen etwa neunjährigen Jungen, der ein T-Shirt mit dem Aufdruck „84“ trägt.

12 S. 32
Bild 1 (Frau, 80 Jahre): 2, 5, 6, 10
Bild 2 (Wanderer): 4, 8, 9, 12
Bild 3 (Junge): 1, 3, 7, 11

13 S. 32
Stichpunkte:
- 19-jähriger junger Mann
- 1,82 cm groß
- markantes Gesicht
- modische Frisur im Igel-Look mit blonden Strähnchen
- schlank
- keine körperlichen Auffälligkeiten
- dreiteiliger dunkler Anzug mit hellem Hemd und Krawatte
- beide Hände abwehrend vor dem Körper ausgestreckt

14 S. 32
Lösungsvorschlag:
Im Folgenden beschreibe ich einen 19-jährigen Mann.
Der junge Mann hat ein markantes Gesicht. Da er ernst schaut, wirken die Lippen eher schmal. Der Mund ist geschlossen. Seine Frisur ist modisch zerstrubbelt, die Haare sind von blonden Strähnchen durchsetzt. Der Gesichtsausdruck lässt vermuten, dass der junge Mann im Moment nicht gut gelaunt ist. Auch seine Körperhaltung unterstreicht dies. Er hat beide Hände abwehrend von sich gestreckt, als wolle er eine Meinung ablehnen oder auch eine Person von sich fernhalten. Der junge Mann trägt einen modischen, dreiteiligen dunklen Anzug, darunter ein weißes Hemd. Am Kragen erkennt

man eine Krawatte. Das Jackett ist zugeknöpft und hat zwei große Taschen.
Der junge Mann wirkt auf mich nicht nur abweisend, sondern auch ein wenig ängstlich. Frisur und Kleidung lassen zwar auf eine selbstbewusste Person schließen, doch in dieser Haltung erscheint er unsicher.

15 S. 33
Bild a): 2
Bild b): 1
Bild c): 3

16 S. 34
Lösungsvorschlag zu Teilaufgabe b):
Das Schreiben war sein Lebensinhalt. Schon mit vierzehn Jahren schrieb der 1929 in Garmisch-Partenkirchen geborene Michael Ende kleine Gedichte und Erzählungen, die er in der Schülerzeitung veröffentlichte. Auch sein späterer Beruf, das war ihm schon damals klar, sollte etwas mit der Literatur zu tun haben. Und so entschied er sich nach dem Abitur für den Besuch der Schauspielschule. Freilich konnte er auch in dieser Zeit nicht ganz vom Schreiben lassen, während andere sich bei Sport- und Varietéveranstaltungen unterhielten, zog sich Michael meist auf sein Zimmer zurück und arbeitete an seinen Theaterstücken und Hörspielen. Die Geschichte von Jim Knopf hatte es ihm angetan. Immer wieder griff er nach dem Manuskript, verbesserte, ergänzte, erweiterte, alles drehte sich nur noch um König Alfons und Frau Malzahn. Wie enttäuscht war er, als er das Manuskript vom ersten Verlag zurückgesandt bekam: „Zu unrealistisch! Nur bedingt tauglich!" Auch der zweite und dritte Versuch scheiterten: „Passt nicht in unser Verlagsprogramm!" – „Im Moment keine Kapazitäten frei!" Diese und viele andere Begründungen musste er sich anhören. Beim achten Verlag schließlich traf er auf einen Lektor, der die Qualität des Werkes erkannte. „Jim Knopf" wurde 1960 veröffentlicht und erhielt schon im folgenden Jahr den deutschen Jugendbuchpreis. Damit hatte er den Durchbruch geschafft. Es folgten viele andere wunderbare Kinderbücher, darunter 1972 „Momo" und 1979 „Die unendliche Geschichte". So gehörte Michael Ende, als er im Jahre 1995 in Stuttgart starb, zu den bekanntesten und erfolgreichsten Kinderbuchautoren weltweit. Viele seiner Werke sind verfilmt worden und haben schon vielen Kindern und Erwachsenen sehr viel Freude gebracht. Was wohl geschehen wäre, wenn auch der achte Verlag den „Jim Knopf" abgelehnt hätte? Gar nicht auszudenken!

17 S. 35
auf einer Kirmes: Musik, Lachen, Rufen, Kreischen von Kindern, Zuckerwatte, gebrannte Mandeln, Pommes, bunte Leuchtreklamen, buntes Spielzeug usw.
auf dem Bauernhof: das Grunzen von Schweinen, das Muhen der Kühe, das Rattern des Traktors, weite Felder, bunte Blumenwiesen, Obstbäume, Mist und Dung, frisch gebackenen Kuchen, einen deftigen Schweinebraten usw.
auf einer Bergwanderung: weite Wiesen und Felder, das Plätschern eines Gebirgsbaches, bunte Blumenwiesen, Bergziegen, das Schreien eines Adlers, Nebel und Wind, eine zünftige Brotzeit in der Berghütte, frisches klares Wasser, schmale Wanderwege usw.

18 S. 36
erschöpft sein: sich wie gerädert fühlen
sich wohlfühlen: sich wie ein Fisch im Wasser fühlen
beleidigt sein: sich auf den Schlips getreten fühlen
sich unsicher sein: in der Luft hängen
wütend sein: einen Rochus haben
aufgeregt, ängstlich sein: schlotternde Knie haben
gerührt sein: einen Kloß im Hals haben

19 S. 36
Lösungsvorschlag:
sehen: den schön gedeckten Tisch, das Besteck und Servietten neben den Tellern, einen Strauß Blumen und eine Kerze auf dem Tisch, auf dem Teller mein Leibgericht
hören: mein Vater begrüßt mich freundlich und fragt, wie mein Schultag war; er bittet mich, die Hände zu waschen und dann zu Tisch zu kommen
riechen: durch das Haus dringt der Geruch von frisch gebackenem Brot, gebratenem Fleisch, frischen Kräutern und Pommes frites
fühlen: die Hitze, die aus dem Ofen dringt; die Frische des eisgekühlten Mineralwassers; die Knusprigkeit des frischen Brotes
schmecken: den herzhaften Geschmack des Fleisches, den süßsauren Geschmack von Joghurteis

20 S. 36
Lösungsvorschlag:
Ich öffne die Wohnungstür. Wie immer klemmt sie ein bisschen und außerdem quietscht sie immer noch. Aber das ist schnell vergessen, denn durch die gesamte Wohnung dringt der Duft von frisch gebackenem Brot, das es mit

der leckeren Kräuterbutter von meiner Oma als Vorspeise gibt. Ich stelle meine Tasche auf die Treppe nach oben und hänge meine blaue Lieblingsjacke an die Garderobe. Dabei fallen mir die Sonnenstrahlen, die durch die noch nicht geschlossene Tür dringen, ins Gesicht. Jetzt zieht mich der angenehme Duft sofort in die Küche. Ich blicke in die Töpfe, die auf dem Herd stehen. Heute Mittag gibt es frischen Blumenkohl, mit einer lecker duftenden Béchamelsoße, Kartoffeln und Schweinelendchen, deren kross gebratene Kruste mir das Wasser im Mund zusammenlaufen lässt.
Ich nehme vier Teller aus dem Schrank und hoffe dabei, dass der Rest der Familie bald nach Hause kommt. Ich kann es kaum noch abwarten und schneide mir ein daumendickes Stück vom Fleisch ab, um es mit Genuss auf der Zunge zergehen zu lassen.

3 Berichten

1 S. 37
Wer? Angelina
Was? Sieg bei den Stadtmeisterschaften im Skateboardfahren
Wann? am vergangenen Samstag
Wo? auf dem Parcours an der Stadthalle
Wie? mit großem Vorsprung
Warum? weil sie die Schwierigkeiten fast fehlerfrei bewältigte
Welche Folgen? Teilnahme an der Kreismeisterschaft

2 S. 38
Einleitung: 1, 3, 6, 9
Hauptteil: 2, 7, 8, 10
Schluss: 4,5

3 S. 39

2	Jugendgästehaus
6	Lena schläft tief, als Britt schreit
3	vermummte Person betritt das Zimmer und geht auf die Schränke zu
7	Dieb rennt, ohne etwas gestohlen zu haben, aus dem Zimmer
8	er läuft durch das Treppenhaus nach unten
5	Person trug eine schwarze kurze Daunenjacke
4	sie war etwa 1,80 m groß und trug eine rot-schwarz gestreifte Mütze
1	gegen 5:30 Uhr

4 S. 40
Heute gegen 5:30 Uhr kam es im Jugendgästehaus zu einem Zwischenfall. Eine vermummte Person betrat das Zimmer meiner Schülerinnen und ging auf die Schränke zu. Die Person war etwa 1,80 m groß, sie trug eine rot-schwarz gestreifte Mütze und eine schwarze kurze Daunenjacke. Eine Schülerin erschrak so sehr, dass sie laut schrie. Der Eindringling lief daraufhin, ohne etwas gestohlen zu haben, aus dem Zimmer und durch das Treppenhaus nach unten.

5 S. 40
Die gekürzten Texte lauten:
Hannah Fridrichs mit persönlicher Bestleistung
(Meinerzhagen) Bei den gestrigen Leichtathletik-Stadtmeisterschaften konnte die talentierte Nachwuchsathletin Hannah Fridrichs die Weitsprungkonkurrenz mit großem Vorsprung für sich entscheiden. Im letzten Versuch des Finales kam sie zu einer neuen persönlichen Bestleistung von 5,38 m und ließ ihre größten Konkurrentinnen damit um mehr als einen halben Meter hinter sich.

Sportausschuss berät über neue Nutzungsordnung für die Dreifachturnhalle
(Kierspe) Angesichts der ständig steigenden Nachfrage nach Trainingsmöglichkeiten berät der Sportausschuss in seiner heutigen Sitzung über eine neue Nutzungsordnung für die Dreifachturnhalle. Im Gespräch sind nach Auskunft des Ausschussvorsitzenden Hermann Botzen sowohl eine Ausweitung der Öffnungszeiten als auch die Erhebung einer Nutzungsgebühr. Ein dringliches Anliegen sei es auch, eine Mindestanzahl von Sportlerinnen und Sportlern pro Trainingseinheit festzulegen, damit die Halle sinnvoll ausgelastet und nicht von Dreier- oder Vierergruppen pro Hallendrittel blockiert werde.

6 S. 41
Folgende Wendungen fallen auf:
- ein paar Verrückte: Unbekannte
- super ausgestatteten und wahnsinnig teuren Mercedes-Geländewagen: neuwertigen Geländewagen
- mickriger Renault Clio: Kleinwagen
- supergroßen Hitze: Flammen
- Kriminellen: Täter
- total zertrümmert: zerstört

Unbekannte haben in der Nacht zum Montag an der Albertstraße in Schweinfurt einen Sachschaden von über 50 000 Euro angerichtet. Gegen 3:10 Uhr zündeten sie einen neuwertigen Mercedes-Geländewagen an. Das Fahrzeug brannte vollständig aus. Auch ein neben diesem Wagen geparkter Kleinwagen wurde durch die Einwirkung der Flammen beschädigt. Wahrscheinlich waren es die gleichen Täter, die in derselben Nacht die Seitenscheiben von zwei weiteren an dieser Straße geparkten Autos zerstört haben. Wer Beobachtungen zu diesen Taten machen konnte, soll sich bitte bei der Polizei melden.

7 S. 41
Lösungsvorschlag:
Konzertveranstaltung abgesagt
Wegen des großen Unwetters musste die Konzertveranstaltung im Stadion gestern abgesagt werden. Die meisten Plätze im Stadion waren schon besetzt, als dichte Regenwolken aufzogen. Das anschließende heftige Gewitter ließ die Veranstalter das Konzert aus Sicherheitsgründen absagen.

8 S. 42
a) Ergebnisprotokoll
b) Versuchsprotokoll
c) Verlaufsprotokoll

9 S. 43
Hier solltest du markiert haben, was in Übung 10 im Protokoll eingetragen wurde.

10 S. 44
Protokoll
Ort: (eigene Schule), Klasse 8
am: (eigenes Datum)
von: (eigene Uhrzeit)
bis: (eigene Uhrzeit)
Anlass: Klassengespräch zum Jahresausflug
Beteiligte Personen: alle Schüler der Klasse 8, außer (vier eigene Namen); alle entschuldigt
Protokollführer/in: (dein Name)
Marc möchte klettern gehen. Er meint, dieses Jahr sollte etwas für die Jungen unternommen werden.
Julia ist dagegen, Sport zu machen. Sie schlägt etwas Gemütliches vor, z. B. Grillen.
Anja schlägt vor, einen Kompromiss zu finden.
Timo hat die Idee, mit dem Rad zur Waldhütte zu fahren und dort zu grillen.
Da es keine weiteren Wortmeldungen mehr gibt, wird abgestimmt.
Ergebnis / Beschluss: Die Klasse fährt mit dem Fahrrad zur Waldhütte. Dort wird gegrillt.
Unterschrift Protokollführer/in: (deine Unterschrift)

4 Inhaltsangaben verfassen

2 S. 46
Verfasser: Brüder Grimm (Z. 1)
Textsorte: Sage (Z. 1)
Titel des Textes: Sachsenhäuser Brücke zu Frankfurt (Z. 1–2)
Thema: Sie wollen erklären, warum das Mittelstück der Brücke nur aus Holz ist. (Z. 2–3)
Angabe der Gliederung: Der Text besteht aus zwei Teilen. (Z. 4)
1. Sinnabschnitt: Im ersten Abschnitt ... (Z. 4–8)
2. Sinnabschnitt: Eine andere Erklärung ... (Z. 9 bis Schluss)

4 S. 48
Der Text ist eine Ballade.

5 S. 48
Zwinger: Käfig
Schweif: Schwanz
Reif: Kreis, Bogen
Leu: Löwe
speit ... aus: spuckt aus
Altan: Balkon
keck: vorwitzig, mutig

6 S. 48
Die Hauptfiguren sind Delorges und Kunigunde.
Im Löwengarten des Königs Franz spielt sich das Ganze ab.

7 S. 48
Im Löwengarten von König Franz findet ein Kampfspiel statt. Der Handschuh von Edelfräulein Kunigunde fällt in den Ring, sie fordert Ritter Delorges auf, ihn für sie herauszuholen. Ritter Delorges holt ihn heraus, wirft ihn Kunigunde ins Gesicht und verlässt sie.

8 S. 48
der Ballade – Hochmut – Stolz

9 S. 48
Das Tempus ist das Präsens. Die Sprache der Inhaltsangabe ist sachlich. Meinungen, Ausschmückungen und Wertungen gehören nicht in die Inhaltsangabe. Direkte Textzitate und wörtliche Rede gehören nicht in die Inhaltsangabe, sie müssen umschrieben bzw. in die indirekte Rede gesetzt werden.

Lösungsvorschlag:
In der Ballade „Der Handschuh" von Friedrich Schiller geht es um den Hochmut eines Edel-

fräuleins und um den Stolz eines Ritters, der sich von dieser nicht demütigen lassen will und sie deshalb verlässt. Im Löwengarten von König Franz findet ein Kampfspiel statt. Viele Ritter und Edelfrauen sind gekommen, um sich die gefährlichen Tiere anzusehen. Da fällt ein Handschuh in die Arena. Das Edelfräulein Kunigunde bittet den Ritter Delorges darum, als Beweis seiner Liebe den Handschuh aus der Mitte der Tiere wieder heraufzuholen. Ritter Delorges springt in die Arena und holt den Handschuh heraus, am Ende aber wirft er ihn dem Edelfräulein ins Gesicht und verlässt sie, weil er sich von ihr nicht erniedrigen lassen will.

11 S. 50
a) Wir freuen uns, weil wir wollen, dass gerissene Betrüger schwer bestraft werden.
b) Es sind vier Sinnabschnitte: Zeile 1–4, Zeile 4–16, Zeile 17–26, Zeile 27–38.

12 S. 50
Ja: e), f), g)
Nein: a), b), c), d)

13 S. 50
Lösungsvorschlag:
In der Kalendergeschichte „Der kluge Richter" von Johann Peter Hebel geht es um einen reichen Mann, der, weil er nie genug bekommen kann, letztlich viel Geld verliert.
Dieser reiche Mann hat 700 Taler, die in ein Tuch eingenäht waren, verloren. Er verspricht dem Finder eine Belohnung von 100 Talern. Als jedoch ein ehrlicher Finder dem Mann das Geld zurückgeben will, behauptet dieser, dass sich in dem Tuch 800 Taler befunden haben und der Finder sich davon seine Belohnung von 100 Talern bereits genommen habe. Der Finder, dem es mehr um seine Ehre als um das Geld geht, möchte das nicht auf sich sitzen lassen und wendet sich an einen Richter. Dieser entscheidet, dass es sich bei dem gefundenen Geld nicht um das des reichen Mannes handeln könne. Der Finder darf die 700 Taler vorerst behalten und der reiche Mann geht leer aus.

15 S. 52
Interviewer: Reporter einer Zeitschrift.
Interviewte: Anneliese zum Kolk, Präsidentin des Bundesverbandes Tierschutz e. V. in Moers

16 S. 53
a) Einleitung (Zeile 1–5)
Wichtige Einzelheiten: Thema des Interviews, Name der Interviewten.
b) Frage 1 / Antwort 1
Wichtige Einzelheiten: Es ist problematisch, wenn Kinder unter zehn Jahren ein Tier bekommen. Sie sollten ein bisschen Erfahrung mit Tieren haben, zumindest ein Sachbuch über das Tier lesen. Tiere sind kein Spielzeug, sondern Lebewesen.
c) Fragen 3 und 4 / Antworten 3 und 4
Hund, Katze: Sie erfordern regelmäßige Betreuung.
Kaninchen, Meerschweinchen: Meerschweinchen sind sehr aktive Tiere und können sich schnell verletzen.
Hamster: Sie sind nachtaktive Tiere und schlafen am Tag.
d) Frage 5 / Antwort 5
Wichtige Einzelheiten: Nie als Überraschung schenken; Hauswirt befragen; überlegen, ob die Kosten aufgebracht werden können; das Tier vor dem Kauf kennenlernen.

Lösungsvorschlag für eine Inhaltsangabe:
In dem Interview „Sind Tiere eine gute Geschenkidee?" aus einer Zeitschrift wird die Präsidentin des Bundesverbandes Tierschutz befragt, ob es sinnvoll ist, Kindern zu Weihnachten Tiere zu schenken.
Die Zeilen 1–5 sind eine kurze Einleitung. Viele Tiere, die zu Weihnachten verschenkt worden sind, werden nach dem Fest bald im Tierheim abgegeben. Tiere sind also nur „bedingt" als Weihnachtsgeschenke geeignet.
Die erste Frage ist daher, ob man nicht generell auf Tiere als Geschenke verzichten sollte. Die Präsidentin meint, dass Kinder unter zehn Jahren noch keine Tiere geschenkt bekommen sollen, weil sie die Tiere wie Spielzeug behandeln würden. Etwas anders ist es bei älteren Kindern, die schon Erfahrungen mit Haustieren gesammelt haben oder zumindest ein Buch über das gewünschte Tier gelesen haben.
Bei den Fragen 2 bis 4 geht es um bestimmte Haustiere. Hunde und Katzen erfordern viel Betreuung, die die Kinder noch nicht leisten können. Kaninchen oder Meerschweinchen eignen sich besser für Kinder. Man muss aber wissen, dass Meerschweinchen sehr aktive Tiere sind, die sich in der Wohnung leicht verletzen können. Hamster sind weniger geeignet, weil sie den Tag über schlafen und erst nachts herumlaufen.
Zum Schluss wird besprochen, was beim Schenken von Tieren besonders zu beachten ist. Vor allem dürfen Tiere keine Überraschung sein. Das Kind soll sich ein Tier selbst aussuchen und möglichst vor dem Kauf etwas näher

kennenlernen. Wichtig ist auch, dass der Hauswirt Tierhaltung erlaubt und dass das nötige Geld für die Hundesteuer, für Futter usw. vorhanden ist.

18 S. 54
Vergebliche Maßnahmen der Mutter: dicke Teppiche, Filzpantoffeln; sie hält ihre Kinder an, sich nicht zu streiten, die Türen leise zu schließen, sich langsam zu bewegen; sie versucht, ihre Kinder zu beschäftigen, führt sie in den Park; Kinder gehen nach einer „Gutenachtgeschichte" um 19 Uhr ins Bett; Mutter legt sich zu den Schreihälsen
Andere Lärmquellen: Tornados, Mopeds
Ratschläge an die Mitbewohner: Sie sollen auf Aufputschmittel verzichten. Sie sollen bei Kinderlärm „tief Luft holen", das heißt: sich nicht aufregen. Sie sollten eine Kur antreten.
Kritik an dem Gerichtsurteil: Das Urteil ist kinderfeindlich. Frauen werden auf Kinder verzichten.

19 S. 54
Der Leserbrief „Wenn Kinder lärmen" von Melanie G. bezieht sich auf den am 22. Dezember in der F.A.Z. erschienenen Artikel „Amtsgericht: Mutter muss ‚extremen Kinderlärm' abstellen" und zeigt eine ablehnende Haltung gegenüber dem Urteil des Amtsgerichts, das eine Mutter dazu verurteilt, das extreme Lärmen der Kinder in einem Wohnhaus zu unterbinden.
Die Verfasserin beschreibt aus eigener Erfahrung, wie schwierig es ist, Kinderlärm zu unterbinden. Weder dicke Teppiche und Filzpantoffeln noch der Befehl, die Türen leise zu schließen und sich nicht zu streiten, führten dazu, dass sich die Kinder leise verhielten. Der Krach der Kinder sei jedoch nicht die einzige Lärmquelle, der die Nachbarn ausgesetzt seien, sie müssten beispielsweise auch Verkehrsgeräusche ertragen. Die Verfasserin des Leserbriefs erwartet von den Mitbewohnern mehr Toleranz und hält das Urteil für kinderfeindlich.

5 Gebrauchstexte verfassen

1 S. 55
Sehr geehrte Frau Dr. Bingemann, wie Ihnen vielleicht bekannt ist – Wenn Sie als Schülerin auch auf öffentliche Verkehrsmittel angewiesen waren – wissen Sie sicherlich – Können Sie sich bei den Verkehrsbetrieben dafür einsetzen.

2 S. 55
Lösungsvorschlag:
Liebe Schülervertreterinnen und Schülervertreter,
herzlichen Dank für euren Brief. Es ist gut, dass ihr mich auf dieses Problem aufmerksam gemacht habt. In der Tat bin auch ich, wie ihr, immer mit dem Bus zur Schule gefahren und kann euren Ärger daher gut verstehen. Ich werde mich noch heute an den zuständigen Mitarbeiter der Verkehrsbetriebe wenden und ihm euer Anliegen vortragen. Ich hoffe mit euch, dass dieser Missstand bald abgestellt werden kann.
Mit freundlichen Grüßen
Bingemann
Bürgermeisterin

3 S. 56
Du solltest angekreuzt haben:
a) am linken Seitenrand,
b) am rechten Seitenrand,
c) vollständig anzugeben,
d) höflich und korrekt zu formulieren – Sehr geehrte Damen und Herren (Aufgepasst: Diese Anrede ist nur dann richtig, wenn du keinen Namen bzw. keinen Ansprechpartner nennen kannst!) – wichtiger Bestandteil des Schreibens.

4 S. 57
1. Svenja Sonne / Sonnenstr. 2 ...
2. Steuerbüro Blitzgescheit ...
3. 26.10.2010
4. Bewerbung um einen Ausbildungsplatz ...
5. Sehr geehrte Damen und Herren,
6. in Ihrer Anzeige vom 25.10.2010 ...
7. Da ich gerne mit Daten und ...
8. Im Berufsinformationszentrum in ...
9. Das hat mich in meinem Berufswunsch ...
10. Zurzeit besuche ich die 10. Klasse ...
11. In meiner Freizeit spiele ich ...
12. Über eine Einladung zu einem Gespräch ...
13. Mit freundlichen Grüßen
14. Svenja Sonne
15. Anlagen

5 S. 58
In den Lebenslauf solltest du deine persönlichen Daten ehrlich und fehlerfrei eingetragen haben.
Leere deine Mailbox regelmäßig!
Nenne als besondere Kenntnisse vor allem solche, die für deinen Beruf von Vorteil sind.
Vergiss nicht, den Lebenslauf am Ende mit Datum und Unterschrift zu versehen.

6 Argumentieren

1 S. 59
a) Meinung von Betroffenen
b) allgemeiner Grundsatz
c) Expertenmeinung
d) eigene Beobachtung und Erfahrung

2 S. 60
1. These: Der Sportunterricht sollte nicht gekürzt werden.
2. These: Hausaufgaben sollten nicht abgeschafft werden.
3. These: Die Klassenfahrt in ein Selbstverpflegerhaus ist eine gute Sache.

3 S. 61
Argumente (A): c), d), e), g)
Beispiele (B): a), b), f)

4 S. 62
Das Flugzeug ist das schnellste Verkehrsmittel. – Die Eisenbahn ist aber wesentlich umweltfreundlicher.
Ein Sonnenbad ist gut für den Körper und die Seele des Menschen. – Man muss aber auch die Gefahren durch zu intensive Sonneneinstrahlung beachten.
Vollkornbrot ist sehr gesund. – Pommes schmecken aber besser.
Bei Hallenfußballturnieren wird häufig technisch sehr guter Fußball geboten. – Die Verletzungsgefahr beim Hallenfußball ist aber sehr groß.

5 S. 62
Argumente:
- Der Zeltplatz liegt an einem wunderschönen See.
- Allen Jugendlichen macht es viel Spaß, auf Holzböden in großen Zelten zu schlafen.
- Man erlebt eine gute Gemeinschaft.
- Man lernt sogar kochen.
- Meine Mutter meint, dass ich letztes Jahr im Zeltlager viel gelernt habe.
- Gemeinsam würden wir im Zeltlager viel Spaß haben.

6 S. 63
Lösungsvorschlag:
Liebe Laura,
ich möchte lieber drei Wochen Urlaub mit meinen Eltern machen. Sie planen eine Flugreise in den Süden. Im Katalog haben sie eine schöne Hotelanlage ausgesucht, die auf jeden Fall schöner ist als ein Zeltplatz am See. Außerdem muss ich dort nicht in einem großen Zelt schlafen, sondern habe ein schönes, eigenes Hotelzimmer. Dort lerne ich auch viele Jugendliche kennen, sodass ich im Urlaub ebenfalls eine gute Gemeinschaft erleben kann. Ich lerne dort zwar nicht selbst zu kochen, aber dafür können wir uns viele Sehenswürdigkeiten anschauen. Spaß werde ich im Urlaub auf jeden Fall haben, weil im Hotel jeden Abend eine Disco veranstaltet wird.
Deine Lena

7 S. 63
Siehe Lösung zu Aufgabe 8.

8 S. 63
Lösungsvorschlag Argument – Beispiel:
(1) Hobbys lenken vom Alltag ab. – Indem man sich auf eine Sache konzentriert, vergisst man alles andere um sich herum.
(2) Das Ausüben von Hobbys kann die Gesundheit fördern. – Das regelmäßige Treiben von Sport stärkt das Immunsystem und verringert die Krankheitsanfälligkeit.
(3) Hobbys schaffen Einblicke in verschiedene Lebensbereiche. – Durch das Halten und Züchten beispielsweise von Reptilien lernt man eine Menge über diese Tiere.
(4) Hobbys vertreiben die Langeweile. – Nach den Hausaufgaben stellt sich nicht mehr die Frage, was man nun tun kann, da man sich mit seinem Hobby beschäftigt.
(5) Hobbys können Erfolgserlebnisse schaffen. – Das Gewinnen eines Wettkampfes oder erfolgreiches Züchten eines Tieres schafft Erfolgserlebnisse und stärkt das Selbstwertgefühl.
(6) Durch das Ausüben von Hobbys lernt man Gleichgesinnte kennen. – Im Verein kommt man mit Menschen in Berührung, die dieselben Interessen haben. Oft werden auch Hüttenwochenenden oder Ausflüge organisiert.

9 S. 64
Nun haben die Projekttage also stattgefunden. Fragt man die Beteiligten nach ihren Eindrükken, so bekommt man unterschiedliche Auskünfte. Von begeisterter Zustimmung bis zu vernichtender Kritik und – was noch schlimmer ist – gelangweilter Gleichgültigkeit reichen die Reaktionen.
Projekttage geben – in der Theorie – jedem die Chance, auf einem bestimmten Gebiet praktisch zu arbeiten. Die Möglichkeit, mit Schülern aus unterschiedlichen Jahrgangsstufen zusammenzuarbeiten, die selbstständige Arbeitsorganisation und die Orientierung an

einem konkreten praktischen Projekt machen diese alternative Form des Lernens so reizvoll. Inwiefern diesem Anspruch gerecht geworden ist, muss jeder für sich bewerten. Insgesamt gilt: Projekttage, die von vielen als vorgezogene Ferien gesehen werden, und Projekttage, die von den Jugendlichen zwar vehement eingefordert werden, bei deren Vorbereitung sich die Schülererinnen und Schüler aber vornehm zurückhalten, sowie Projekttage, die im schulischen Leben keine herausgehobene Stellung haben, sondern so nebenbei eben auch noch gemacht werden – müssen? –, verdienen diesen Namen nicht, man sollte sie sich schenken!

10 S. 65

a) Hier wird nach deiner persönlichen Meinung gefragt („du"). Es geht dabei um den Sinn täglicher Hausaufgaben.
b) Diese Frage ist auf Deutschland begrenzt. Man soll überlegen, aus welchen Gründen sich immer mehr Menschen zu rechtsradikalen Gruppierungen zusammenfinden.
c) Öffentliche Verkehrsmittel sind in erster Linie: Bus, Straßenbahn, U-Bahn, Eisenbahn. Deren Benutzung hat natürlich Vor- und Nachteile. Hier ist aber nur nach den Vorteilen gefragt.

11 S. 66

a) Ich bin für einen Campingurlaub, weil ...
- man dabei sehr viel in der freien Natur sein kann (bestes Argument);
- man dabei im Vergleich zu einer Ferienwohnung fünf Euro am Tag sparen kann (zweitbestes Argument);
- meine Oma früher auch immer Campingurlaub gemacht hat (drittbestes Argument).

b) Ich möchte mit der Bahn in den Sommerurlaub fahren, weil ...
- das viel ökologischer ist, als mit anderen Verkehrsmitteln zu reisen (bestes Argument);
- die Bahn verspricht, dass es viel entspannender ist, als mit dem Auto zu reisen (zweitbestes Argument);
- mein Opa auch so gerne Bahn fährt (drittbestes Argument).

c) Ich möchte in diesem Jahr mal in den Bergen Urlaub machen, weil ...
- ich gerne wandern und die Bergwelt der Alpen erleben möchte (bestes Argument);
- wir in den letzten Jahren immer an der Nordsee waren (zweitbestes Argument);
- das Wetter in den Bergen immer besser ist als an der Nordsee (drittbestes Argument).

12 S. 66

Lösungsvorschlag:

a) 1. der sinnvolle Umgang mit dem Internet muss erlernt werden; 2. gute Möglichkeit, sich schnell zu informieren; 3. manche haben zu Hause noch kein Internet.
b) 1. nur so können sie das Schulleben mitgestalten; 2. sie lernen ihre Meinung zu vertreten; 3. sie sollten das Engagement der Schülervertreterinnen und -vertreter honorieren.
c) 1. eine ausgewogene Ernährung ist wichtig für die Entwicklung und damit auch für den Schulerfolg; 2. frisch gemachte Brötchen schmecken besser; 3. die Cafeteria kann als Treffpunkt dienen.

13 S. 67

1. These: Im Pausenladen ist es meistens so voll, dass die Pause nicht ausreicht, um in Ruhe das gekaufte Brötchen zu essen. – Durch eine ausreichende Entspannung in einer längeren Pause würde die Konzentration in den folgenden Stunden steigen. – In einer längeren Pause haben die Schülerinnen und Schüler mehr Gelegenheit, sich privat auszutauschen, was gut für die Atmosphäre ist.
2. These: Eine Klassenfahrt ist wichtig für eine gute Atmosphäre in der Klasse. – Wenn man in Deutschland bleibt, ist eine Klassenfahrt nicht so teuer. – Die Schülerinnen und Schüler lernen vor Ort sowieso am besten. – Die Klassenlehrerin hat mehr Zeit für die Schülerinnen und Schüler.
3. These: Weil viele Vereine in den Ferien geschlossen haben, würden die Schülerinnen und Schüler sich gerne in der Schule sportlich betätigen. – Für die Aufsicht in der Turnhalle würde ein Lehrer pro Tag genügen. – Der Hausmeister ist den größten Teil der Ferien ohnehin da.

14 S. 67

Lösungsvorschlag:

Argumente zu These 1:
- Die Paten können auf die persönlichen Fragen der Fünftklässler besser eingehen.
- Die Fünftklässler fühlen sich an der neuen Schule dann gleich heimisch.

Argumente zu These 2:
- Für mehr Arbeiten kann man nicht konzentriert lernen.
- Sonst muss man seine Aktivitäten am Nachmittag sehr einschränken.

Argumente zu These 3:
- Auf diese Weise wiederholen die älteren Schülerinnen und Schüler den Lernstoff.

- Die älteren Schülerinnen und Schüler lernen so, sich sozial zu engagieren.

15 S. 68
Zusammenfassend lässt sich sagen, dass das Benutzen der öffentlichen Verkehrsmittel viele Vorteile bietet.
So kann der Schüler oder Arbeitnehmer sicher sein, morgens pünktlich und ohne Staus, Parkplatzprobleme oder Reifenpannen in der Schule oder am Arbeitsplatz zu erscheinen.
Außerdem trägt man als Fahrgast keine Verantwortung im Verkehrsgeschehen, und das kann jede Menge Ärger vermeiden.
Öffentliche Verkehrsmittel sorgen zudem für Entspannung, indem man sich unterhalten oder ein Buch lesen kann.
Nicht vergessen werden darf auch der Aspekt der Umweltfreundlichkeit: Mit öffentlichen Verkehrsmitteln werden viele Personen energiesparend befördert.
Ich persönlich bin der Meinung, dass man aus den angeführten Gründen die öffentlichen Verkehrsmittel, sooft es geht, nutzen sollte. Und wenn man nicht gerade einen Freund besuchen möchte, der sehr weit außerhalb wohnt und mit öffentlichen Verkehrsmitteln kaum oder nur sehr umständlich zu erreichen ist, sollte man sich für den Bus, die Straßenbahn oder den Zug entscheiden.
Da das Mofa- und Autofahren aufgrund der steigenden Benzinpreise immer teurer wird, bin ich der Überzeugung, dass in Zukunft immer mehr Menschen auf die öffentlichen Verkehrsmittel umsteigen werden.

16 S. 69
linear: 1, 5, 7, 9
dialektisch: 2, 3, 4, 6, 8, 10

17 S. 69
Lösungsvorschlag:
Ganztagsschule:
- linear: Wieso sollten alle Schulen Ganztagsschulen sein?
- dialektisch: Sollten alle Schulen eine Ganztagsbetreuung anbieten?

Taschengeld:
- linear: Aus welchen Gründen ist es sinnvoll, dass jeder Jugendliche ein regelmäßiges Taschengeld erhält?
- dialektisch: Sollten Jugendliche regelmäßig Taschengeld erhalten?

18 S. 70
Lösungsvorschlag für ein ausführliches Argument:
Lineare Bearbeitung: Aus welchen Gründen sollten alle Schulen Ganztagsschulen sein?
These: Die Schüler werden individueller gefördert.
Begründung: Pädagogisch und didaktisch geschulte Lehrer betreuen die Schüler auch nachmittags und können gezielt auf besondere Fähigkeiten oder Lernschwächen eingehen.
Beispiel: Bei der umfassenden Hausaufgabenbetreuung in einer Ganztagsschule kann eine Wissenslücke vom Lehrer rechtzeitig erkannt und behoben werden. Bei der Hausaufgabenbetreuung durch die Eltern ist das nötige Fachwissen zur Vermittlung von Inhalten in der Regel nicht vorhanden.

19 S. 70
Pro: a), c), d), g)
Kontra: b), e), f), h)

20 S. 70
Pro-Argumente:
- Das Schreiben einer SMS ist gegenüber einem Anruf oder dem Schreiben eines Briefes Zeit sparend.
- Bei vielen Anbietern können bestimmte Rufnummern sehr kostengünstig oder sogar kostenlos angewählt werden.
- Mit einem Handy können die Eltern kontrollieren, wo sich ihr Kind gerade aufhält.
- In Notfällen kann man mit dem Handy Hilfe holen, ganz gleich, wo man sich befindet.

Kontra-Argumente:
- Handys begünstigen den Verfall der Rechtschreibung, denn beim Tippen einer SMS werden sämtliche Regeln außer Kraft gesetzt.
- Wer mit dem Handy umgeht, kommt leicht in Kontakt mit jugendgefährdenden Inhalten.
- Handys können süchtig machen. Die sogenannte Mediensucht, von der auch Jugendliche betroffen sind, ist in Deutschland auf dem Vormarsch.
- Ein Handy wird schnell zur Kostenfalle. Telefongespräche, SMS oder Downloads von Klingeltönen sind teuer. Die Kontrolle über die Kosten entgleitet vor allem bei Handys mit Verträgen.

(Es kann sein, dass du deine Argumente in einer anderen Reihenfolge angeordnet hast.)

21 S. 70
Lösungsvorschlag für ein Pro-Argument:
These: Mit einem Handy können die Eltern kontrollieren, wo sich ihr Kind gerade aufhält.
Begründung: Dadurch ist der Jugendliche immer und überall telefonisch zu erreichen.
Beispiel: Eltern machen sich oft Sorgen, wenn ihre Kinder mit Freunden weggehen, vor allem dann, wenn sie die Freunde des Jugendlichen nicht kennen. Hat das Kind ein Handy, können sie kurz anrufen und nachfragen, wo sich ihr Kind momentan aufhält. Dies wird sie beruhigen.

Lösungsvorschlag für ein Kontra-Argument:
These: Handys können süchtig machen.
Begründung: Jugendliche, die sich an ihr Handy gewöhnt haben, halten es oft schon keinen Tag mehr ohne dasselbe aus. Dies kann zur Sucht führen.
Beispiel: Das Handy ist ein ständiger Begleiter, etwa zum Spielen, Fotos schießen, Simsen oder Telefonieren. Wenn Jugendliche es nicht schaffen, ihr Handy auch nur einen Tag zu Hause liegen zu lassen, kann man hier schon von Abhängigkeit bzw. Sucht sprechen.

22 S. 71
Der zweite Satz passt am besten. Wenn man sich auf eine Statistik bezieht, erhält der Leser den Eindruck, dass man sich intensiv mit dem Thema auseinandergesetzt hat.

23 S. 71
Lösungsvorschlag:
Nachdem ich nun die Vorteile wie auch die Nachteile eines Handys dargelegt habe, komme ich zu dem Schluss, dass Jugendliche durchaus ein Handy besitzen sollten. Wichtig ist nur, dass sie lernen, vernünftig damit umzugehen und es als nützlichen Gebrauchsgegenstand zu betrachten. Denn das ist das Handy – nicht weniger, aber auch nicht mehr.

24 S. 72
Folgende Stellen solltest du markiert haben:
40 Prozent der Kinder – die **wichtigste** Freizeitbeschäftigung – sitzen **täglich mehrere Stunden** davor – **aggressiv, fantasiearm und träge** – das steigende **Übergewicht** – die Zunahme der **Aggressivität und Gewaltbereitschaft** – **Gewalt ist cool** – den **Ton,** den Jugendliche ... – **Kontrolliertes Fernsehen** ist die Lösung – **Fernsehzeit ausmachen** und **Filme ... gemeinsam auswählen** – Interessante **Alternativprogramme** anbieten

25 S. 73
a) Was macht das Fernsehen aus unseren Kindern?
b) Zu viel Fernsehen schadet den Kindern.
c) Es handelt sich hier um einen Bericht / Kommentar.
d) Der Text verlangt eine lineare Form der Erörterung.

26 S. 73
These: Zu viel Fernsehen ist schädlich für unsere Kinder.
Argumente:
- Durch das Fernsehen haben die Kinder keine Sozialkontakte mehr. (Freunde sehen gemeinsam fern oder spielen Spiele am Fernsehen.)
- Die Fantasie geht verloren.
- Fernsehen macht Kinder träge.
- Fernsehen fördert das Übergewicht.
- Fernsehen macht aggressiv und gewaltbereit.
- Kinder bekommen schlechte Manieren vorgelebt.

27 S. 74
Hier zählt nur deine eigene Meinung.

28 S. 74
Lösungsvorschlag (verkürzt):
Im Bericht „Was macht das Fernsehen aus unseren Kindern?" stellt Karla Kommentar die These auf, dass zu viel Fernsehen für Kinder schädlich ist.
Die Autorin belegt dies mit einer Reihe von Argumenten. So erklärt sie, dass durch das Fernsehen die Fantasie verloren geht, und belegt das damit, dass das Fernsehen so viele tolle Bilder liefert, die man sich selbst überhaupt nicht vorstellen kann. Deshalb mache es auch keinen Sinn, sich anzustrengen. Des Weiteren ist Frau Kommentar der Meinung, zu viel Fernsehen fördere das Übergewicht. Nicht nur, dass das Sitzen auf dem Sofa kaum Kalorien verbraucht, auch die Knabbereien, die gerne zum Fernsehen gegessen werden, sind Kalorienbomben. Die Autorin stützt ihre These auch durch das Argument, dass die Kinder in Sendungen wie Talkshows schlechte Vorbilder sehen, was das tägliche Miteinander anbelangt.
Am schlimmsten findet die Verfasserin des Textes, dass Kinder durch zu viel Fernsehen gewaltbereit und aggressiv werden. Denn wer täglich Gewalt im Fernsehen sieht, stumpft ab und kann kein Mitleid mehr empfinden.

Der Autorin ist es sehr gut gelungen, ihre Thesen mit glaubhaften Begründungen und Beispielen zu stützen, und ich gebe ihr in allem, was sie schreibt, Recht. Ich könnte noch mehr Argumente anführen, die dafür sprechen, dass das Fernsehen für Kinder schädlich ist. Nicht nur, dass zu viel Fernsehen auch die Augen verschlechtert. Wichtige Lebensinhalte, wie das Lernen für die Schule oder das Ausüben von Hobbys, werden dadurch stark vernachlässigt. Doch wie sie bin auch ich der Meinung, dass das Fernsehen nicht nur schlechte Seiten hat. Hier hätte ich mir gewünscht, dass auch die Vorteile des Fernsehens ausführlicher aufgezählt würden.
Ihr Fazit, bewusst fernzusehen, gefällt mir sehr, und ich bin überzeugt, dass dies der beste Weg ist, das „Problem Fernsehen" zu lösen.

29 S. 74
Konjunktionen, mithilfe derer ein Beweis oder ein Beispiel ausgedrückt wird: sodass – weil – beispielsweise – wie – damit – falls – deswegen – denn
Konjunktionen, mithilfe derer eine Folgerung ausgedrückt wird: also – daher – demnach – somit – deswegen – denn

7 Texte analysieren und interpretieren

1 S. 75
Liebeslyrik: 2, 7
Naturlyrik: 5, 10
Großstadtlyrik: 4
Erlebnislyrik: 1, 6, 8
Politische Lyrik: 3, 9

2 S. 76
Einzufügen in dieser Reihenfolge:
Kind – Arm – nicht – Nebelstreif – dir – Strand – verspricht – Wind – gehn – Ort – grau – Gestalt – geschwind – tot

3 S. 78
Reime: Löwengarten / erwarten – Franz / Kranz – Krone / Balkone
Reimschema: Schweifreim

4 S. 79
a) aabb = Paarreim
b) abab = Kreuzreim
c) abbacdced – abba = umarmender Reim
d) aabccb = Schweifreim
e) aabb = Paarreim

5 S. 80
a) Jambus
b) Anapäst
c) Daktylus
d) Trochäus
e) Trochäus

6 S. 81
a) Epigramm
b) Ode
c) Kirchenlied
d) Elegie

7 S. 82
a) Es handelt sich um einen Er-Erzähler; es kann sich dabei um einen auktorialen oder personalen Erzähler handeln.
b) Es handelt sich um einen Ich-Erzähler mit personalem Erzählverhalten.

8 S. 83
a) Ich habe gehört, wie Stauffacher nach den Namen der Freunde fragte und wissen wollte, wer denn die gerechten Männer seien, die ihnen folgen würden. Dann äußerte er den Wunsch, diesen Männern vorgestellt zu werden, um sich mit ihnen anzufreunden.
b) Ob ich sie wohl nach den Namen der Freunde und Verfolger fragen kann? Vielleicht sollte ich sie fragen, ob sie mich diesen Männern vorstellen können, damit ich mich mit ihnen anfreunden kann.

9 S. 84
Äußere Merkmale: gekleidet im Western-Style – Norwegerin – hellblaue Augen – lange blonde Haare– Sängerin und Schauspielerin
Innere Merkmale: ehrgeizig – Perfektionistin – vielseitig begabt – Durchhaltevermögen

10 S. 85
Sekretärin
äußere Merkmale: attraktives Aussehen, gepflegt gekleidet, Brille, lackierte Fingernägel
innere Merkmale: selbstbewusst
Geschäftsmann
äußere Merkmale: Anzug und Krawatte, jugendliche Gesichtszüge
innere Merkmale: hektisch und gestresst
Teenager, männlich
äußere Merkmale: gelangweilter Blick, jungenhaftes Gesicht, Jeans und Turnschuhe, das Gesicht mit Pickeln übersät
innere Merkmale: betont lässig wirkend

Hausmeister
äußere Merkmale: „Blaumann“, mürrischer Gesichtsausdruck, Sicherheitsschuhe, schwarze Ränder unter den Fingernägeln
innere Merkmale: wortkarg und verschlossen

11 S. 86
Diese Wörter solltest du unterstrichen haben:
- alter, wohlgekleideter Mann
- Schnallenschuhe, die einer vorübergegangenen Mode angehörten, waren bestäubt
- langen Rohrstock mit goldenem Knopf trug er unter dem Arm
- dunklen Augen
- schneeweißen Haaren
- sah er ruhig umher
- er schien fast ein Fremder
- von den Vorübergehenden grüßten ihn nur wenige
- mancher unwillkürlich in diese ernsten Augen zu sehen gezwungen wurde
- „Noch kein Licht!“
- etwas südlichen Akzent
- Haushälterin
- Bücherschränken
- aufgeschlagene Bücher
- gefalteten Händen von seinem Spaziergange auszuruhen
- „Elisabeth!“
- und wie er das Wort gesprochen, war die Zeit verwandelt – er war in seiner Jugend

12 S. 87
Äußere Merkmale:
- alt
- wohlgekleidet
- staubige Schnallenschuhe der letzten Mode
- langer Rohrstock mit goldenem Knopf unter dem Arm
- schneeweiße Haare
- dunkle, ernste Augen
- ruhiger Blick
- wirkt wie ein Fremder
- südlicher Akzent

Innere Merkmale:
- kennt nicht viele Menschen in seiner Stadt
- zieht Aufmerksamkeit auf sich: Mancher sieht sich gezwungen, in seine ernsten Augen zu sehen
- hat eine Haushälterin
- hat viele Bücher, die auch aufgeschlagen im Zimmer liegen, d. h. er liest viel; ist er ein Gelehrter?
- ruht sich nach Spaziergängen aus und benötigt Dunkelheit
- der Name Elisabeth versetzt ihn in seine Jugend zurück

13 S. 87
Lösungsvorschlag:
Am Anfang der Erzählung wird zunächst das äußere Erscheinungsbild des Alten beschrieben: ein alter, wohlgekleideter Mann mit dunklen Augen und schneeweißen Haaren. Zum Spazierengehen trägt er altmodische Schnallenschuhe und hält einen langen Rohrstock mit goldenem Knopf unter dem Arm. Seine Kleidung wirkt etwas fremd in der damaligen Zeit und der Stadt und genauso fühlt er sich wohl auch: „Er schien fast ein Fremder“. Seine Augen blicken ruhig und ernst umher, sodass sich manch ein Passant gezwungen fühlt, ihn anzusehen. Wenig später erfährt man, dass er mit leicht südlichem Akzent spricht.
Der Mann beschäftigt eine Haushälterin – das Haus in der Stadt scheint ihm zu gehören. Er benötigt Ruhe und auch Dunkelheit und zieht sich nach seinem Spaziergang in sein Zimmer zurück. In diesem finden sich viele Bücher, einige davon auch aufgeschlagen. Man kann daraus schließen, dass er viel liest. Vielleicht ist er ein Gelehrter, der sich zur Ruhe gesetzt hat? Seine Augen wandern durch das Zimmer und bleiben an einem Bild hängen. Der Name Elisabeth, den er leise ausspricht, versetzt ihn in seine Jugend zurück.

14 S. 88
Zeitdehnungen:
- Verflixt! ... und ich kann es nicht verhindern.
- Ich weiß, dass mein ... Ob ich Österreich finden werde?
- Ha! Genau vor mir ... punkten.

Zeitraffungen:
- Schnell stehe ich auf und gehe zu der großen Europakarte, die neben der Tafel hängt.
- Vor der Karte mache ich Halt und betrachte sie suchend.

Rückblenden:
In der Pause hat mir Stefan sogar zugelächelt.
(Es gibt keine Vorausdeutungen.)

15 S. 89
Äußere Handlung:
- Unterdessen erhob sich ein wahrhaft fürchterlicher Sturm
- ... ich hörte den Kapitän
- ... während er neben mir zu seiner Kajüte hinein- und herausging, leise vor sich hinsagen
- ... rief mitten in der Nacht ein Matrose

- Sogleich wurde jedermann an die Pumpen gerufen.
- Ich fiel rücklings neben mein Bett, die Bootsleute aber rüttelten mich auf und sagten:
- Wir arbeiteten ... fort, aber das Wasser stieg im Schiffsraum immer höher, und das Schiff begann augenscheinlich zu sinken.
- Der Kapitän ließ deshalb fortwährend Notschüsse abfeuern. Endlich wagte ein leichtes Schiff, das gerade vor uns vor Anker lag, ein Hilfsboot auszusenden. Noch keine Viertelstunde hatten wir unser Schiff verlassen, als wir es schon untergehen sahen.

Innere Handlung:
- Angst und Bestürzung auch in den Mienen unserer Seeleute
- Wir sind alle verloren
- unsere Not
- Bei diesem Ruf glaubte ich, mein Herz erstarre in der Brust
- wacker
- Jetzt begriff ich, was es heißt, wenn ein Schiff in See leck wird.
- Ich gestehe, dass ich kaum den Mut hatte, hinzusehen.

16 S. 90
a) preiswert, günstig
b) Münze, etwa drei Cent
c) ein hinterhältiger Spaßmacher
d) Verletzungen und Schande, alles Böse
e) Im Frieden kann man gut leben, aber im Unfrieden muss man sich sehr einschränken.

17 S. 91
a) nur sehr wenig, etwa drei Cent
b) Weil er dann immer behaupten kann, gar nicht mehr verlangt zu haben, als er bezahlen kann.
c) Weil der Wirt nicht wissen soll, dass er nur wenig Geld bei sich hat.
d) im ersten und im letzten Absatz

18 S. 91
Einleitung: Zeile 1–3: Lehre und Überleitung zu einer besonderen Situation
Hauptteil: Zeile 4–14: der Gast kommt zum Löwenwirt und speist dort ausgiebig
Zeile 14–20: Versuch des Löwenwirts, auch seinen Konkurrenten zu schädigen
Zeile 21–25: Der Gast erweist sich als schlauer und sagt, dass er das Gleiche schon beim Bärenwirt erfolgreich ausprobiert hat.
Schluss: Zeile 26–30: Wiederaufgreifen und Weiterführen der Lehre

19 S. 92
Exposition: Zeile 1–14
Hinführung zum Höhe- und Wendepunkt: Zeile 14–41
Höhe- und Wendepunkt: Zeile 42–81
Abfall des Höhepunktes: Zeile 81–85
Ausklang: Zeile 86–90

20 S. 94
a) Die „unerhörte Begebenheit" besteht darin, dass eine alte, kranke Frau durch die Unbarmherzigkeit des Marchese ums Leben gekommen war.
b) Der Handlungsablauf führt geradewegs auf den Tod des Marchese hin.

21 S. 95
a) Geeignet: Unvermittelter Anfang und elliptische Sätze, die häufig als Kennzeichen der Kurzgeschichte gelten, zudem ist die Situation überschaubar und begrenzt.
b) Ungeeignet: Es handelt sich um einen Sachtext.
c) Geeignet: Auch hier ist ein überschaubarer Zeitrahmen und ein kurzes, punktuelles Ereignis erwähnt. Die Sätze sind zwar nicht elliptisch, aber auch ein solcher Stil passt zu einer Kurzgeschichte.

22 S. 96
a) Lyrik
b) Epik
c) Drama
d) Epik

23 S. 97
1. Akt (Einführung / Exposition): Auf dem Schloss von Moor lebt der Graf ...
2. Akt (steigende Handlung / Komplikation): Franz lässt seinem Vater ...
3. Akt (Höhepunkt / Wendepunkt): Zur selben Zeit hilft Karl den Unterdrückten ...
4. Akt (fallende Handlung): Verkleidet isst Karl mit Amalia und seinem Bruder zu Abend ...
5. Akt (Katastrophe): Franz träumt vom Jüngsten Gericht ...

24 S. 98
Spieler: Haus Montague
Gegenspieler: Haus Capulet
Begründung: Man kann an der Gestaltung des Programmhefts Spieler und Gegenspieler auf den ersten Blick ersehen: Sie stehen sich gegenüber. Außerdem gibt es noch die Erklärung „zwei verfeindete Häuser".

25 S. 99
a) klassisches Drama: direkte Anrede in dialogischer Form
b) episches Theater: Erzähler wendet sich an das Publikum
c) klassisches Drama: Bote erstattet seinem König Bericht
d) episches Theater: ein Beobachter steht immer außerhalb des Geschehens, hier wendet er sich zudem mit einer Frage an die Zuschauer
e) klassisches Drama: Mädchen antwortet seinem Vater in einem Dialog
f) klassisches Drama: Aussage einer Frau innerhalb eines Dialogs

26 S. 100

Klassisches Drama	Episches Theater
chronologische Abfolge der Handlung	offenes Ende
gereimte Verse	Umgangssprache
gesetzmäßiger Aufbau des Dramas (Fünf-Akt-Schema)	
Exposition	Figur des Erzählers
	Gesellschaftskritik
Identifikation mit dem Helden	Distanz zum Helden
retardierendes Moment	
Was passiert am Ende?	Wie kommt es zu den Ereignissen?

27 S. 100
Die Tatsache, dass Brechts Figuren angeblich nicht klüger sind als die Menschen im wirklichen Leben, hat großen Einfluss auf die Wirkung eines Theaterstücks beim Zuschauer: Während dieser im klassischen Drama eine Lösung vorgeführt bekommt, die den gesellschaftlichen Traditionen und Regeln entspricht, werden im epischen Drama Lösungsmöglichkeiten vorgeführt und auch die Konsequenzen nicht ausgespart. Es liegt somit an jedem selbst, daraus eine Folgerung für sein Leben zu ziehen.

28 S. 101
a) Zwischen Himmel und Erde herrscht große Harmonie.
b) Das lyrische Ich fühlt sich wohl, es ist frei und unbeschwert.
c) Das lyrische Ich genießt die Stille und die Eindrücke der Mondnacht, es fühlt sich ganz wohl, so als ob es zu Hause wäre.

29 S. 102
still – träumen – sacht – leis' – stillen Lande

30 S. 102
Wie schön erscheint die Natur!
Wie hell ist die Sonne!
Wie erblüht ist das Feld!

Jeder Zweig bringt Blüten hervor
In den Sträuchern summen die Bienen / zwitschern die Vögel

Alle Menschen sind fröhlich
O Erd, o Sonne!
O Glück, o Lust!

O Lieb, o Liebe!
Wie bist du schön,
Wie Morgenwolken
Auf jenen Höhn!

Du freust dich so
Über die Ernte auf dem Feld,
Im Blütendampfe
Die volle Welt.

31 S. 104
a) Symbol für den Frieden „Taube“
b) Antithesen „Lügner – Ehrliche“ und „arm – reich“
c) Alliteration, gleicher Wortanlaut „g“
d) Anapher, Wortwiederholung „oh“
e) Parallelismus, gleicher Satzbau; Antithesen „Nacht – Tag“ und „dunkel – hell“
f) Ellipse „Alles umsonst.“

32 S. 105
Die Zitate:
„Der Erfinder der Sprache scheint Spaß daran gehabt zu haben, sie auf jede mögliche Art zu komplizieren, die ihm eingefallen ist.“ – „Manche deutsche Wörter sind so lang, dass man von ihnen eine Aussicht genießen kann. ... es sind alphabetische Prozessionen.“

33 S. 106
Wir (Mark Twain und sein Begleiter, d. Verf.) – Manschetten (steifer Ärmelabschluss an Herrenhemden, d. Verf.) – Mägde (Dienerinnen, d. Verf.)

34 S. 106
Mark Twain beklagt sich, dass ein durchschnittlicher Satz in einer deutschen Zeitung eine Kuriosität sei. Er nehme ein Viertel einer Spalte ein und beinhalte alle zehn ungeordneten Redeteile.

Er sei hauptsächlich aus Komposita aufgebaut, die sich der Autor aus dem Stegreif ausgedacht habe und die man in keinem Wörterbuch finden könne. Sechs oder sieben Wörter seien ohne Bindestriche zu einem Wort zusammengepresst.

35 S. 107
Mark Twain übt die deutsche Sprache anhand eines Lehrbuches. Er soll Frage und Antwort vom Englischen ins Deutsche übersetzen. Dabei stolpert er über die Schwierigkeit, dass jedem Substantiv ein bestimmtes Geschlecht zugeordnet ist, das er mühevoll nachschlagen muss. Doch hiermit nicht genug: Er muss sich des Weiteren Gedanken machen, ob das Substantiv im Nominativ oder im Dativ steht. Die Voraussetzungen hierfür erscheinen ihm höchst unlogisch.

36 S. 107
Schlage nach, ob deine Quellenangaben alles Notwendige enthalten. Prüfe dann die alphabetische Reihenfolge.

37 S. 108
a) Der Autor beschreibt aus der Er-/Sie-Perspektive.
Zitat: „Bald trat die anmutige Gestalt eines kleines Mädchens zu ihm."
b) Das Erzählverhalten ist neutral.
Zitat: „Reinhard stellte die Rechentafel, die er schon unterm Arm hatte, flink hinter die Haustür ..." (keine Aussage, ob er sich beispielsweise freut, auch kein Kommentar seitens des Erzählers)
c) Es herrscht ein objektiver, sachlicher Sprachstil vor.
Zitat: „Nun ging er gleich an die Arbeit; Nägel, Hammer und die nötigen Bretter lagen schon bereit ..." (Erzähler beschreibt objektiv und sachlich, ohne Gefühlsregungen)

38 S. 109
Lösungsvorschlag:
Zeilen 1–5: Reinhard und Elisabeth sind unzertrennlich
Zeilen 5–14: Reinhard beschützt Elisabeth
Zeilen 14–17: Die Freundschaft der beiden hält einem Schulwechsel stand
Zeilen 18–21: Reinhard verlässt die Stadt
Zeilen 22–33: Reinhard feiert mit Studenten übermütig Weihnachten
Zeilen 34–50: Reinhard macht sich an ein Mädchen heran

39 S. 111
a) ein kleines Tuch aus roter Seide
b) ein einfaches mechanisches Rechenhilfsmittel (Rechenbrett), bestehend aus einem Rahmen mit Kugeln, die auf Stäben aufgefädelt werden; die Kugeln stellen durch ihre Lage eine bestimmte Zahl dar; mit ihrer Hilfe lässt es sich leichter rechnen
c) unerwartet; auf solch ein Ereignis wagte man nicht zu hoffen
d) Hilfe
e) eine mehr oder weniger hohe längliche Aufschüttung aus Erde, Steinen oder Ähnlichem, mit der ein Bereich schützend umgeben oder abgeschirmt wird
f) Reden über erdkundliche Themen; hier: Erdkundeunterricht
g) altes Wort für „junger Adliger"
h) ein Zupfinstrument mit einem flachen, mit Saiten bespannten Resonanzkörper

40 S. 111
In der Erzählung „Immensee" von Storm geht es um einen alten Mann namens Reinhard, der sich wehmütig an seine Jugendfreundin Elisabeth erinnert.
Er musste wegen seines Studiums wegziehen und entfremdet sich ihr dadurch. Bei seiner Rückkehr findet er sie verändert, sein Schulfreund Erich scheint Interesse an ihr zu haben. Reinhard reist wieder ab und erfährt durch seine Mutter von der Heirat Elisabeths mit Erich. Jahre später besucht er die beiden, doch dies ist für ihn so unerträglich, dass er sich für immer abwendet.

41 S. 111
Der Textabschnitt „Im Walde" stammt aus der Erzählung „Immensee" von Theodor Storm. In der Erzählung geht es um einen Mann namens Reinhard, der rückblickend über seine große Liebe nachdenkt und sich gemeinsame Erlebnisse in Erinnerung ruft.
Der Auszug handelt von Reinhards und Elisabeths (seiner großen Liebe) Kindheit. Er erzählt von gemeinsam verbrachter Freizeit in der Natur und wie er seine Freundin vor einem Lehrer in Schutz nahm. Er schrieb auch Gedichte über sich und Elisabeth.
Der Erzähler beschreibt anschaulich und detailliert („sie war ihm oft zu still, er war ihr oft zu heftig"). Reinhard vergleicht sich selbst mit einem Adler und Elisabeth mit einer weißen Taube. Hieran kann man auch erkennen, wie Reinhard seine Beziehung zu seiner jungen Freundin sah. Sie war ihm auch sehr wichtig („Reinhard verlor alle Aufmerksamkeit an den geografischen Vorträgen; ...").

Der Textausschnitt wird von einem Er-Erzähler erzählt, der auktorial auftritt: Er weiß genau Bescheid über die Empfindungen der Hauptperson. Es wird sowohl von den äußeren als auch von den inneren Handlungen berichtet. „Im Walde“ hat einen offenen Schluss. Der Text endet damit, dass Reinhard in eine andere Schule gehen muss und die beiden sich aus diesem Grund nicht mehr so oft werden sehen können.

42 S. 112
Lösung in Stichworten:
Erstes Kapitel: Zu Beginn mehrere Strophen mit je vier Zeilen, Kreuzreim (abab).
Lasterhaftigkeit der Welt.
Letztes Kapitel: Text ohne Absätze, Paarreim (aabb).
Engel und Teufel kämpfen gegeneinander um Helenes Seele.
Autor kritisiert die Gottlosigkeit der Menschen.

43 S. 114
a) Das Gedicht hat fünf Strophen mit je vier Versen. Das Reimschema ist in allen Strophen abab, also ein Kreuzreim; es handelt sich durchgehend um reine Reime.
b) Der „Gott der Stadt“ hat für Heym menschliche Züge, d. h., es handelt sich um Personifikationen: Er „sitzt“ und „schaut voll Wut“ (vermutlich genervt von dem Rauch der Schornsteine: „die Winde lagern schwarz ...“), sein „Haupthaar“ sträubt sich, es ist die Rede von seinem „Bauch“ und seiner „Fleischerfaust“ usw. Der Autor verwendet außerdem Vergleiche: „Wie Korybanten-Tanz“, „wie Duft von Weihrauch“, „wie Geier“.
c) Heym beschreibt einen Gott, der sich räumlich über den Menschenmassen, die die Stadt bevölkern, befindet. Die Aussagen in der letzten Zeile sprechen von einem rächenden Gott, der mit einer Fleischerfaust, also eher grob, ein Meer von Feuer, also die Vernichtung, auf die Menschenmassen jagt, die ihm die Sicht, den Ausblick verdüstern. Am Morgen ist die Stadt vernichtet.
d) Die Überschrift passt gut zum Gedicht, denn ein Gott hat genug Macht, um die Stadt zu vernichten, so wie es dieser Gott am Ende des Gedichtes ja auch tut.
e) Die Art der Beschreibung, die vielen dunklen Worte und die düsteren Bilder und Vergleiche, die in diesem Gedicht formuliert werden, wecken auch im Leser ein dunkles Bild von der Stadt, sodass die Vernichtung, die Rache, am Ende für den Leser nachvollziehbar ist. Eine Bewertung des Geschehens bleibt allerdings dem Leser überlassen: Jeder Einzelne muss für sich entscheiden, ob er die Stadt als einen solch düsteren Lebensraum sehen möchte und sich der Meinung des Autors anschließt oder ihm widerspricht.
Die Tatsache, dass dieses Gedicht aus dem Jahre 1911 stammt, muss berücksichtigt werden, um die trübe Stimmung nachvollziehen zu können: Damals gab es keine Entschwefelungsanlagen o. Ä., sodass die vielen Abgase einer wachsenden Industrie ungefiltert in die Luft geblasen wurden; Häuser und Wohnungen wurden mit Kohle beheizt, sodass der Smog bei entsprechender Witterung zäh in der Luft hing. Wut als Reaktion auf diese Situation ist daher verständlich.

45 S. 116
Diese Stichworte könnten in deinem Cluster stehen:
- Spaziergang im Wald
- schön wie Äuglein, leuchtend wie Sterne
- Blume pflücken?
- nicht pflücken
- Blume spricht
- Blume ausgraben
- blüht nun zu Hause
- Dichter erzählt von sich
- Dichter mag Natur

46 S. 116
a) 5 Strophen
b) Jambus
c) Dichter erzählt (lyrisches Ich).
d) Teils ungewöhnliche Stellung der Satzglieder.
e) Nein, je vier Verse bilden eine Strophe, diese ist jeweils durch einen Absatz von der nächsten Strophe getrennt; sauberer, ordentlicher äußerer Eindruck.
f) Am Ende einer Strophe Punkt oder Fragezeichen, dazwischen teilweise Kommas oder Semikolon.
g) Insgesamt 20 Verse, jeweils vier ergeben eine Strophe.
h) abcb; Endreim jeweils bei den Versen 2 und 4; die Verse 1 und 3 ohne Reim.

47 S. 116
Vergleiche, Euphemismus

48 S. 117
Beispiel für Vergleich: „Wie Sterne leuchtend“
Beispiel für Euphemismus: „zum Welken gebrochen“

Sieh dir im Infokasten auf S. 112 nochmals den Aufbau einer Gliederung an und überprüfe, ob du alles richtig gemacht hast.

49 S. 117
Das Gedicht, das auf den ersten Blick wie ein Naturgedicht wirkt, ist ein Liebesgedicht. Mit der Blume, die nicht gebrochen werden soll, ist Christiane Vulpius gemeint.

50 S. 117
a) Christiane
b) Christiane
c) Er könnte es nicht ernst meinen.
d) Ihr Ruf wäre zerstört; sie hätte es schwer, einen neuen Mann zu finden, der sie heiratet.
e) Er lebt mit ihr in seinem Haus zusammen.
f) Für die Hochzeit.
g) Dass es ihr nun gut geht; vielleicht auch, dass sie Kinder bekommt und sich so „verzweigt“ (fortpflanzt).

51 S. 118
Lösungsvorschlag:
Das Gedicht scheint auf den ersten Blick ein Naturgedicht zu sein. Tatsächlich handelt es aber von Goethes Liebe zu seiner Frau Christiane Vulpius und ihrer Beziehung zueinander. Die äußere Form des Gedichts ist unauffällig. Es besteht aus fünf Strophen mit je vier Versen. Die einzelnen Strophen sind durch Absätze voneinander getrennt. Möchte Goethe damit ausdrücken, dass sich auch seine Beziehung zu Christiane unauffällig gestaltet? Ich denke nicht, da die Gleichmäßigkeit des Aufbaus von dem etwas ungewöhnlichen Reimschema gestört wird. Hier reimen sich die letzten Wörter der Verse 2 und 4; bei den Versen 1 und 3 gibt es allerdings keinen Endreim. So unauffällig war die Beziehung offenbar nicht, was Informationen aus Goethes Zeit auch bestätigen. Goethe benutzt in seinem Gedicht einige Vergleiche. Da man davon ausgehen kann, dass mit der Blume im Gedicht Christiane gemeint ist, beziehen sich die Vergleiche also auf seine Frau. Man kann sagen, dass sie ein wunderschönes, leuchtendes Aussehen hat. Das ist eine schöne Liebeserklärung. Dies herauszustellen schien Goethe wichtig gewesen zu sein, denn die betreffenden Stellen („Wie Sterne leuchtend, Wie Äuglein schön“) fallen auch durch den ungewöhnlichen Satzbau auf.
Der Euphemismus für „Tod“ bzw. „Sterben“ in dem Gedicht („Soll ich zum Welken / Gebrochen sein“) zeigt Christianes Angst, Goethe könnte sie wieder fallenlassen. Dies würde ihren gesellschaftlichen Ruf zerstören und sie wäre seelisch tief verletzt. Doch Goethe gräbt sie aus und pflanzt sie in seinen Garten. Er hält also zu ihr und heiratet sie sogar – wenn auch erst nach 18 Jahren. „Nun zweigt es immer / Und blüht so fort“: Christiane fühlt sich wohl im Haus Goethes und pflanzt sich fort, indem sie ihm Kinder schenkt.

52 S. 118
Hier gibt es keine Musterlösung. Du solltest schreiben, ob und wie dich das Gedicht anspricht und dies auch begründen. Ist es dem Dichter gelungen, seine Intention deutlich zu machen? Betrachte das Gedicht auch in seiner Entstehungszeit (1806).

53 S. 119
Gryphius beschreibt in seinem Gedicht „Thränen des Vaterlandes“ den Zustand des Deutschen Reiches nach dem Dreißigjährigen Krieg („Der frechen Völcker Schar“): Tod, Pest und Hunger beherrschen das Land. Die Menschen sind seelisch zerstört („Die Jungfern sind geschänd't“). Das Kaisertum kämpft, um sich an der Macht zu halten („die Starcken sind zerhaun“). Die Kirche ist in sich uneins und hält an der Hexenverfolgung fest („die Kirch ist umgekehret“). In der letzten Zeile des Gedichts beschreibt Gryphius, was für ihn am schlimmsten ist: „Das auch der Seelen Schatz / so vilen abgezwungen.“ Das heißt, dass die Menschen keinen Glauben und keine Hoffnung mehr haben: Sie haben ihre Seele verloren.

54 S. 120
a) Faust hat Philosophie, Jura, Medizin und Theologie studiert (Z. 1–4).
b) Die Theologie wird von Faust herabgewürdigt durch das Wort „leider“ (Z. 3).
c) Er unterrichtet Schüler, und das schon seit zehn Jahren (Z. 6–8).
d) Faust gibt keine äußeren Merkmale über sich preis.
e) Er ist er ein gelehrter Mensch (Z. 11: „Zwar bin ich gescheiter …“), aber unglücklich (Z. 15); er vergleicht seine Situation mit der eines Hundes (Z. 20) und hält sie für erbärmlich.
f) Die Aussage des Textes legt nahe, dass sich Faust auch im Moment des Sprechens einer forschenden Tätigkeit widmet.
g) Er strebt nach Wissen und ist bereit, dafür sein Seelenheil zu opfern – fast könnte man ihn deshalb für einen Besessenen halten (Z. 21–27).
h) Er ist ehrgeizig und neugierig.

55 S. 122
Im naturalistischen Drama wurden bisher tabuisierte Themen, Kritik am Bürgertum und an dessen Doppelmoral sowie Probleme der Gesellschaft aufgearbeitet. Genau dies findet sich auch hier. Merkmale sind die genauen Regieanweisungen, die Volkssprache und die damit einhergehende derbe Ausdrucksweise. Folgendes solltest du markiert haben:
- Schüler
- Maurerpolier
- Licht von einer brennenden Lampe erhält, die von der Mitte der Decke über einen runden Tisch herunterhängt
- eisenbeschlagenen Tür mit einer primitiven Schelle
- Ick sag't ja
- schlechten Halunken

56 S. 123
Diese Wörter solltest du markiert haben: Antike – mittelalterlichen – 13. Jahrhundert.

57 S. 124
Lösungsvorschlag:
Zeile 1–4: Wandel der Kommunikationsformen
Zeile 4–11: Trommeln, Bilder, Wachstafeln
Zeile 11–16: Briefkultur
Zeile 17–21: Erfindung des Telefons

58 S. 124
Wandel der Kommunikationsformen:
Schon immer versuchten Menschen sich auszutauschen, doch im Laufe der Zeit wandelten sich die Möglichkeiten hierzu.
Trommeln, Bilder, Wachstafeln:
Die Naturvölker verwendeten Bilder, die durch Boten überbracht wurden, oder Trommelschläge. Andere Völker benutzten bereits Schriftzeichen, die in Wachstafeln eingeritzt wurden.

Briefkultur:
Das Lesen und Schreiben verbreitete sich bei uns gegen Ende des Mittelalters. Das Papier entstand erstmals 1380 in Deutschland. Nun konnten Briefe geschrieben werden; dies war vor allem im 18. Jahrhundert weit verbreitet.
Erfindung des Telefons:
Der Brief bekam erst durch das Telefon Konkurrenz. Erfunden im 19. Jahrhundert, wurde es aber erst im 20. Jahrhundert zu einem alltäglichen Kommunikationsmittel.

59 S. 125
Hauptthese: „Immer mehr Menschen trinken und rauchen sich krank" – Die Deutsche Hauptstelle für Suchtfragen schlägt vor, alkoholische Getränke höher zu besteuern und den Verkauf einzuschränken.
Weitere wichtige Stellen: in Deutschland mehr Alkohol getrunken wird als in den meisten anderen Ländern der Welt – pro Kopf 145,5 Liter – hauptsächlich Bier – reinem Alkohol ... mehr als zehn Liter im Jahr – immense Folgekosten

60 S. 126
Der Zeitungsartikel „Übermäßiger Alkoholgenuss der Deutschen" liefert einige statistische Angaben zum durchschnittlichen Alkoholkonsum der Bundesbürger.

61 S. 126
Die Hauptaussage besteht in dem Vorschlag, alkoholische Getränke stärker zu besteuern, um über einen höheren Preis die Verfügbarkeit zu verringern und so letztendlich den Konsum zu senken.

62 S. 126
Der Text nennt als Folge lediglich höhere Kosten im Gesundheitswesen, was die Allgemeinheit betrifft.
Pro-Argumente:
- Neben den erwähnten gesellschaftlichen Folgekosten im Gesundheitswesen kann überhöhter Alkoholkonsum auch Einfluss aufs Privatleben haben, Ehen und Familien zerstören.
- Erhöhter Alkoholkonsum erhöht die Aggressionsbereitschaft, gewalttätige Auseinandersetzungen im Familien- und Freundeskreis können die Folge sein.
- Überhöhter Alkoholkonsum senkt die Leistungsfähigkeit.
- Starker Alkoholkonsum ruiniert die Gesundheit und ist schlecht fürs eigene Wohlbefinden.

Kontra-Argumente:
- Höhere Preise vernichten Arbeitsplätze, denn wenn weniger Alkohol konsumiert wird, wird irgendwann die Produktion gedrosselt, zulasten der Arbeitnehmer.
- Alkohol wird bereits hoch versteuert; ein geringerer Konsum senkt die Steuereinnahmen des Staates.
- Alkohol, in Maßen genossen, kann die Lebensfreude steigern und die Lebensqualität erhöhen. Wer Alkohol verteuert, greift in die individuelle Lebensgestaltung vieler Menschen ein.

63 S. 126
Es fehlen eine Überschrift und ein Fazit.
Mögliche Überschrift: Der Alkoholgenuss und seine Folgen
Mögliches Fazit: Zu viel Alkohol macht krank – wer diese Tatsache leugnet, verkennt die oben dargelegten Fakten. Und die im Text genannten Zahlen belegen, dass es sich dabei keineswegs um ein Problem in einer vernachlässigbaren Größenordnung handelt. In Übereinstimmung mit dem Autor stelle ich daher fest, dass es an der Zeit wäre, die Bevölkerung über die Folgen übermäßigen Alkoholkonsums aufzuklären. Und da sich über den Geldbeutel vieles recht schnell regeln lässt, wäre eine Verteuerung möglicherweise ein geeignetes Mittel, dieses Ziel zu erreichen.

8 Kreatives Schreiben

1 S. 127
Yanik: „Ich möchte gerne Hähnchen, das kann ich dann mit den Fingern essen."
Angie: „Oh nee, ich möchte es lieber etwas feiner haben. Wie wärs mit dem Italiener um die Ecke?"
Pia: „Aber ich möchte am liebsten Pommes mit Ketchup!"
Vater: „Dann gehen wir also in die Pommesbude?"
Mutter: „Nein, das kommt nicht infrage! Ich möchte einmal gemütlich mit euch zusammensitzen und nicht im Stehen essen."

2 S. 128
Lösungsvorschlag:
Der goldene Schlüssel
Es war einmal ein Bauerntölpel, der in einem kleinen Dorf lebte. Eines Tages sagte er zu sich selbst, dass ihm sein Leben zu langweilig sei und er sich auf die Suche nach einem großen Schatz machen wolle. Darum ging er in die weite Welt hinaus. Jedem, den er auf seinem Weg traf, erzählte er von seinem Vorhaben und alle blickten ihn ungläubig an. Dann aber traf er einen Schornsteinfegergesellen, der ihm von einem verschlafenen Dorf erzählte, durch das er soeben gezogen war. In diesem Dorf, so sagte der Geselle, gäbe es eine alte Mühle und unter dem Mühlstein sei ein Schatz versteckt. Frohen Mutes machte sich der Bauernjunge auf den Weg ins Dorf und schon von Weitem sah er die Mühle. Tölpelig wie er war, hatte er jedoch nicht daran gedacht, dass man einen Mühlstein nicht einfach bewegen kann. Also saß er auf dem Mühlstein und ließ seinen Blick schweifen. Dabei entdeckte er einen goldenen Schlüssel, der jedoch ganz von Staub bedeckt war. Als er diesen Schlüssel in das Schloss am Mühlstein steckte, hob sich dieser wie von Zauberhand ein wenig in die Höhe und er konnte den Schatzbeutel herausziehen. Und tatsächlich befanden sich darin hundert Dukaten! Mit seinem Schatz machte er sich wieder auf zu seinen Eltern. Unterwegs kaufte er von dem Geld Milch, Brot und Honig, denn er wusste, dass seine alte Mutter sich sehr darüber freuen würde. Er bemerkte bald, dass sich auch nach seinem Einkauf noch hundert Dukaten in seinem Schatzbeutel befanden, also kaufte er auch noch Fleisch und Wein für seinen Vater. Als er nach Hause kam, gab es ein großes Festmahl. Der Bauerntölpel aber behielt sein Geheimnis für sich, niemandem erzählte er von seinem wunderbaren Schatzbeutel. Und so waren er und seine Eltern glücklich und zufrieden bis ans Ende ihrer Tage. Und wenn sie nicht gestorben sind, dann leben sie noch heute.

3 S. 129
Dein Text könnte z. B. beginnen mit: Der Lehrer sah mich fragend an, …

4 S. 129
Hier sind mehrere Möglichkeiten denkbar.

5 S. 129
Hier gibt es keine Musterlösung.

6 S. 130
Sicher hast du einen schönen Dialog entwickelt.

7 S. 130
Sicher hast du gute Ideen gehabt.

8 S. 130
Lösungsvorschlag:
Ein Bauer prahlte gern damit, den schönsten und größten Hof weit und breit zu haben. Ein fremder Herr auf der Durchreise geriet an diesen Bauern. „Schau", so sagte dieser hochmütig, „ich zeige dir einen Hof, wie du nie einen gesehen hast, und Vieh, das fetter ist, als du es dir vorstellen kannst." Der Teufel, denn das war der fremde Herr, bot ihm eine Wette an. „Was gibst du mir, wenn ich dir im Herbst eine Kuh zeige, die noch einmal so fett ist wie dein bestes Tier?" „Meine Seele!", antwortete der Bauer gedankenlos. Der Teufel aber erfuhr von der Bauersfrau, auf welche Weise der Bauer

einen so hohen Ertrag erzielen konnte. Als der verabredete Tag gekommen war, präsentierte der Teufel dem Bauern wirklich eine Kuh, die doppelt so schwer war wie die des Bauern. Der Bauer wurde darüber verrückt, sein ehemals prächtiges Bauernhaus ist seitdem verfallen.

9 S. 132
Die Absätze stehen in der Reihenfolge: 4, 1, 2, 5, 3, 6

10 S. 132
Lösungsvorschlag:
Im richtigen Ende der Geschichte bezahlt der Herr den Lehrjungen und fragt ihn, woher er den Mut genommen habe. Dieser aber macht ihm klar, dass er ihm einfach die Kehle durchgeschnitten hätte. Da wird dem Herrn erst bewusst, in welcher Todesgefahr er selbst geschwebt hat. – Sicher hast du auch einen guten Schluss geschrieben!

11 S. 133
Lösungsvorschlag:
... in Unfrieden lebte. Er konnte es einfach nicht ertragen, dass der Kirschbaum des Nachbarn immer die besten Früchte trug, und so grub er dem Baum im Herbst die Wurzeln ab. Als der Kirschbaum im kommenden Frühjahr keine Blätter trug und nicht zu blühen begann, war sein Nachbar sehr traurig, unser Schrebergärtner aber lachte sich ins Fäustchen. Aber nur bis er wenige Wochen später merkte, dass sein Apfelbaum, der ganz in der Nähe der Grundstücksgrenze stand, auch nicht ausschlug. Da erkannte er, dass er im Eifer auch die Wurzeln seines eigenen Baumes beschädigt hatte.

12 S. 134
Lösungsvorschlag:
blau
mein Bett
in meinem Schlafzimmer
wartet sehnsüchtig auf mich
müde

13 S. 134
Hier zählen nur deine eigenen Gedanken.

14 S. 135
Sicher hast du viele Adjektive gefunden, z. B.: schön – friedlich – warm – ruhig – sonnig – freudig – lieblich – leicht – fröhlich – malerisch – natürlich

15 S. 135
Hier gibt es keine Musterlösung. Bei spontanem Schreiben solltest du jedoch darauf achten, die Merkmale der gewählten Textsorte einzuhalten. Bei einem Gedicht wären das etwa die Verse und Strophen sowie das Reimschema. Bei einer Kurzgeschichte der offene Anfang und der ungelöste Schluss. Überprüfe deinen Text auf seine Gattungsmerkmale und verbessere ihn, falls nötig.

16 S. 135
Auf dem Foto sieht man im Vordergrund sechs Arbeiter in einem Reisfeld. Sie stehen in gebückter Haltung bis zu den Waden im Wasser. Ihre Kleidung, die bis auf die Hände den ganzen Körper bedeckt, ihre breiten Hüte und die vor Mund und Nase gebundenen Tücher lassen darauf schließen, dass sie sich vor Sonne und Insekten schützen müssen. Im Hintergrund befinden sich weitere Reisfelder sowie mehrere Hütten. Es könnte sich um eine Szene aus Südostasien handeln.

17 S. 136
Lösungsvorschlag:
Die Arbeit
Heiß, so heiß ist es auf dem Feld,
Drückt der Himmel seine Schwüle auf uns.
Weit, so weit ist das Feld.
Zieht sich in die Länge und bedeutet so viel Arbeit.
Nur nicht nachdenken,
Am besten weiterarbeiten,
Mich kriegt niemand unter.
Wenn nur die Hitze nicht wäre!
(Das Originalgedicht ist von Annette von Droste-Hülshoff: „Die Krähen".)

Register